MANUAL PRÁTICO DE Gramática

ALPHEU TERSARIOL

MANUAL PRÁTICO DE Gramática

"Desconhecer a língua pátria é vergonhoso, desrespeitá-la é afrontoso. O princípio da nacionalidade, do civismo e da própria cidadania começa com o respeito à língua pátria. Ame-a, cultive-a quanto puder."
(Luiz A. Sacconi)

FICHA TÉCNICA

EDITOR
Cristian Muniz dos Santos

COORDENAÇÃO PEDAGÓGICA E EDITORIAL
Geovana Muniz

ATUALIZAÇÃO E REVISÃO DE TEXTO
Any Meire Tiltscher

PROJETO GRÁFICO E EDITORAÇÃO
WK Editorial

CAPA
Willy Kiyoshi Okamoto

Dados Internacionais de Catalogação na Publicação (CIP)
(Câmara Brasileira do Livro, SP, Brasil)

Tersariol, Alpheu
Manual prático de gramática / Alpheu Tersariol.
--São Paulo : PAE Editora, 2025.

1. Português - Gramática I. Título.

13-06046 CDD-469.5

Índices para catálogo sistemático:
1. Gramática : Português : Linguística 469.5

Impresso no Brasil

Rua Zanzibar, 338
02512-010 – São Paulo – SP
Tel: 11 3222-9015
www.pae.com.br

ALPHEU TERSARIOL

Professor de Português registrado no Ministério de Educação e Cultura
Professor do Ensino Comercial pelo Instituto Mackenzie, São Paulo
Orientador Educacional
Membro da Sociedade Internacional de Letras Clássicas
Membro do Clube dos Estados
Membro da União Brasileira de Escritores
Supervisor de Dicionários de Português
Coordenador e colaborador de obras paradidáticas
Autor de vários livros de Português/ Conferencista

OBRAS DO AUTOR

Verbos, Conjugação e Regência
Curso Especial de Português
Lições de Português
Gramática Histórica
Origem da Língua Portuguesa
Formulário Ortográfico Gramatical
O Estudo dos Verbos
Flexão e Classificação das Palavras
Exercícios de Revisão Gramatical
Dicionário de Sinônimos
Dicionário de Antônimos
Noções de Redação Literária e Comercial
Português — Leitura e Gramática
Português — Leitura e Gramática
Português — Leitura e Gramática
Português — Leitura e Gramática
Estudos Linguísticos
Língua e Linguagem
Técnicas de Expressão Escrita
Atividades de Avaliação

SUPERVISÃO:
Pequeno Dicionário da Língua Portuguesa
Novíssimo Dicionário da Língua Portuguesa Ilustrado

COLABORAÇÃO:
Enciclopédia Ilustrada do Ensino Integrado
Biblioteca do Ensino Regular e Supletivo

EM PREPARAÇÃO:
Vade-mécum escolar (1° grau)

Manual Prático de GRAMÁTICA

ALPHEU TERSARIOL

Língua e Comunicação

GRAMÁTICA
INTERPRETAÇÃO
ATIVIDADES
TESTES DE VERIFICAÇÃO
NOVOS CAMINHOS DA LINGUÍSTICA
GRAMÁTICA TRANSFORMACIONAL

"Desconhecer a língua pátria é vergonhoso, desrespeitá-la é afrontoso. O princípio da nacionalidade, do civismo e da própria cidadania começa com o respeito à língua pátria. Ame-a, cultive-a quanto puder."
(Luiz A. Sacconi)

SUMÁRIO

SEGUNDA PARTE
MORFOLOGIA
UNIDADE II

UNIDADE III

SUMÁRIO

UNIDADE V

UNIDADE VI

UNIDADE VII

UNIDADE VIII

UNIDADE IX

UNIDADE X

UNIDADE XI

UNIDADE XII

UNIDADE XIII

TERCEIRA PARTE
SINTAXE
UNIDADE XIV

UNIDADE XV

PREFÁCIO

AULA DE PORTUGUÊS

Carlos Drummond de Andrade

A linguagem
na ponta da língua,
tão fácil de falar
e de entender.
A linguagem
na superfície estrelada de letras,
sabe lá o que ela quer dizer?
Professor Carlos Góis, ele é quem sabe,
e vai desmatando
o amazonas de minha ignorância.
Figuras de gramática, esquipáticas,
atropelam-me, aturdem-me, sequestram-me.
Já esqueci a língua em que comia,
em que pedia para ir lá fora,
em que levava e dava pontapé,
a língua, breve língua entrecortada
do namoro com a prima.
O português são dois; o outro, mistério

O livro didático sempre teve presença marcante, como

elemento fundamental na situação escolar de todos os tempos. Inegavelmente, tornou-se instrumento básico de trabalho.

Um professor sempre tira algum proveito dos bons livros didáticos. Acontece que um livro didático, por melhor ou por mais bem elaborado que seja, nunca satisfaz a todas as exigências desse ou daquele mestre, ou a certas necessidades desse ou daquele aluno.

Surgem então os livros auxiliares — verdadeiros instrumentos de apoio — que quase sempre vêm preencher as lacunas existentes ou criadas. E o trabalho, quer do mestre quer do aluno, será altamente facilitado e favorecido se esse livro apresentar determinadas características exigidas.

Sabemos e conhecemos a problemática. Eis por que, procuramos dar a mais este livro a atual feitura, tendo sempre a intenção de facilitar o aprendizado:

— conteúdo gramatical adequado ao nível psicossocial do público a que se destina;

— linguagem objetiva, procurando evitar a obscuridade que, muitas vezes, é consequência do exagero de regras e de suas exceções;

— metodologia compatível com os objetivos educacionais, atendo-nos a princípios essenciais da aprendizagem, da verificação e da fixação da teoria, através de vasta exemplificação e de diversificação de exercícios;

— flexibilidade de assuntos, propiciando condições para uma atualização desejada, conforme as necessidades e os objetivos do leitor.

Podemos definir a gramática como o conjunto de regras de regulação e uso da língua. Cada língua tem sua própria gramática. Todos nós já temos um conhecimento gramatical interiorizado da nossa língua materna. No período escolar, temos contato com a gramática normativa, aquela contida nos livros didáticos e manuais como esse por se tratar do padrão exigido nos grandes vestibulares do país e concursos.

Este livro é mais uma contribuição para incentivar a todos na leitura e no amor aos princípios da Língua Pátria.

O Autor

GRAMÁTICA

PRIMEIRA PARTE

FONÉTICA

UNIDADE I

I. FONÉTICA: DESCRITIVA, HISTÓRICA, SINTÁTICA

II. FONEMAS: VOGAIS, CONSOANTES, SEMIVOGAIS

1. Classificação das vogais
2. Classificação das consoantes

III. ENCONTROS VOCÁLICOS E CONSONANTAIS

1. Ditongos
2. Tritongos
3. Hiatos
4. Encontros consonantais
5. Dígrafos

IV. SÍLABA

V. TONICIDADE

1. Acento
2. Sílabas
3. Classificação dos vocábulos
4. Classificação dos monossílabos
5. Rizotônico, Arrizotônico
6. Ortoépia
7. Prosódia

PARA EXERCITAR

I. FONÉTICA

Fonética *é* o estudo dos fonemas, da linguagem. Através dela estudamos o modo como são produzidos os sons, as modificações e as influências que recebem.

A fonética pode ser descritiva, histórica e sintática.

A fonética ***descritiva*** trata da formação e classificação dos fonemas; a ***histórica*** trata das modificações que sofrem os fonemas através do tempo, em frases sucessivas; a ***sintática*** trata das modificações que sofrem os fonemas de muitas palavras por influência de outras dentro da frase...

Letra *é* a representação escrita do fonema. Uma letra pode representar um som ou uma série de sons.

Fonema *é o* som da voz humana que entra na formação das palavras. Fonema são sons da fala que se opõem uns aos outros para formar as palavras. Os fonemas compreendem as vogais e as consoantes.

II. FONEMAS

Os fonemas da Língua Portuguesa classificam-se em vogais, semivogais e consoantes.

vogais

Vogais são fonemas produzidos pela passagem de ar livremente pela boca ou pelo nariz. São verdadeiros sons musicais.

Exemplo: sapo, bota, remo.

1. Classificação das vogais:

a. quanto ao papel das cavidades bucal e nasal, isto é, quanto à ressonância, classificam-se em:

- **ORAIS**: Formadas com o véu palatino levantado, saindo o ar livremente pela boca /a/-/e/-/i/-/o/-/u/.

  Exemplos: mala — bela — fila — mola — gula
- **NASAIS:** Formadas com o abaixamento da úvula, saindo o ar pelo nariz.

  Exemplos: lama — lema — lima — goma — fuma

b. quanto ao timbre, classificam-se em:
abertas /á/,/é/,/ó/ café, cipó
fechadas /ê/,/ô/ Tietê, avô

! OBSERVAÇÃO

As vogais "i" e "u" só se distinguem pela tonicidade, e não pelo timbre.

c. quanto à zona de articulação, classificam-se em:
anteriores ê/i/e
média /a/
posteriores ô/u/ó/

! OBSERVAÇÃO

Em nossa língua, a vogal é o elemento básico, suficiente e indispensável para a formação da sílaba. Você encontrará sílabas constituídas só de vogais, mas nunca formadas somente com consoantes. **Exemplos:** sa**ú**va, **a**bacaxi.

semivogais

Semivogais são os fonemas que se juntam a uma vogal, formando com esta uma só sílaba.

Exemplos: touro, caule, baile.

! OBSERVAÇÃO

Os fonemas /i/ e /u/ átonos funcionam como semivogais.

consoantes

Consoantes são fonemas produzidos com obstáculos à passagem da corrente expiratória (língua, dentes, lábios). São verdadeiros ruídos, seguidos ou não de certa sonoridade.

2. Classificação das consoantes:

a. Quanto ao modo de articulação, classificam-se em:

- ***OCLUSIVAS***: Quando o canal da boca se fecha (oclusão), para, de imediato, se abrir. São fonemas surdos e sonoros. Fonemas surdos /p/-/t/-/c (k) /-/g/ Fonemas sonoros /b/-/d/-/g (guê) /
- ***CONSTRITIVAS:*** Quando há o estreitamento do canal bucal, saindo o ar de modo constrito, isto é, apertado. As consoantes constritivas podem ser:
  - ***FRICATIVAS***: Quando produzem um ruído, motivado pelo aperto do canal bucal. São fonemas surdos sonoros.
    SURDOS:
    /b/-/s (sê) /-/c (cê) /-/ç/-/x (xê),/s (= ch)/
    SONOROS:
    /v/-/s (sê) /-/z (zê)/ - /g/ - /j/
  - ***LATERAIS:*** Quando a ponta da língua encontra apoio no palato, saindo o ar pelas fendas laterais da boca.
    São fonemas sonoros:
    /1/-/1/ (=lh)
  - ***VIBRANTES:*** Quando há movimento vibratório São fonemas sonoros:
    /r/-/r (= rr) /

b. Quanto ao papel das cordas vocais, classificam-se em:

- ***SURDAS:*** quando não há vibração das cordas vocais: /p/-/t/-/c (k) /-/q/-/f/ -/s (cê) /-/c (cê) /-/x (xê)
- ***SONORAS:*** quando há vibração das cordas vocais: /b/-/d/-/g (guê) /-/v//s (zê) /n-nh/

c. quanto ao papel das cavidades bucal e nasal, classificam-se em:

- ***ORAIS:*** Quando a corrente expiratória sai somente pela boca. Os fonemas orais são surdos ou sonoros:
  /p/-/t/-/c (k) /,/q/-/b//d/-/g (guê) /-/f/-/s (sê) / fc (sê) /-/ç/-/x (xê) /-/s/-/v/-/s (Zé) /-/z (é)

- ***NASAIS:*** Quando a corrente expiratória sai pela boca e pelo nariz. São fonemas sonoros: /m/-/n/-/n = nh/

d. Quanto ao ponto de articulação, classificam-se em:

- ***BILABIAIS:*** quando há contato dos lábios /p/-/b/-/m/
- ***ALVEOLARES:*** quando há contato da ponta da língua com os alvéolos dos dentes superiores: /s(sê)/-/c (se)//ç/-/s (zê) /-/r//f/-/1/-/n/
- ***LABIODENTAIS:*** quando há contato do lábio inferior com os incisivos superiores: /f/-/v/
- ***PALATAIS:*** quando há contato da parte anterior da língua com o palato: /x (xê) /-/s/-/g1 nh/
- ***LINGUODENTAIS:*** quando há contato da ponta da língua com a parte interna dos incisivos superiores:

  t-d *velares* quando há contato da parte posterior da língua com o véu do palato: /c (k) /-/q/-/ g (guê)

! OBSERVAÇÃO

Muitas vezes não ocorre coincidência entre *fonema* e *letra*.
Exemplo:
TÓXICO
fonemas: /t/ó/k/s/i/c/o/ (7 fonemas)
letras: t ó x i c o (6 letras)
GALHO
fonemas: /g/a/lh/o/ (4 fonemas)
letras: g a l h o (5 letras)

Em algumas palavras, as letras **m** e **n** não representam fonemas. Em palavras como as do exemplo abaixo, **m** e **n** indicam nasalização das vogais que as antecedem.

Exemplos:
anta
pomba

E mais:

nata: o /n/ é um fonema

anta: o *n* não é um fonema; o fonema é /ã/, representado na escrita pelas letras *a* e *n*.

A letra **h**, ao iniciar uma palavra, não representa fonema.

Exemplos:

hoje, hipopótamo

III. ENCONTROS VOCÁLICOS E CONSONANTAIS

Dois ou mais fonemas vogais podem vir juntos na mesma sílaba, ou em sílabas diferentes.

1. Ditongo

Produz-se quando ocorre o encontro de vogal + semivogal ou de semivogal + vogal. São pronunciadas na mesma sílaba. Os ditongos dividem-se em ***crescentes*** e ***decrescentes***.

- ***Ditongos crescentes*** são formados de semivogal + vogal.

  Exemplos:

  área — róseo — glória — série — lírio — mágoa — água — tênue — linguiça — vácuo

- ***Ditongos decrescentes*** são formados de vogal + semivogal.

  Exemplos: caixa — grau — leite — ideia — seu — céu— foi — viu — fui

OBSERVAÇÃO

Os encontros "ia", "ie", "io", "ue", "uo", quando finais, átonos, seguidos ou não de "s", podem ser classificados, quer como ditongos, quer como hiato. Assim:

história = his-tó-ria	ou	his-tó-ri-a
espécie = es-pé-cie	ou	es-pé-ci-e
lírio = lí-rio	ou	lí-ri-o
água = á-gua	ou	á-gu-a
tênue = tê-nue	ou	tê-nu-e
vácuo = vá-cuo	ou	vá-cu-o

Os ditongos são orais ou nasais, dependendo das vogais que os compõem.

- ***Ditongos orais*** podem ser abertos e fechados:
  - ***Ditongos orais abertos***
    ideia — jiboia — céu
  - ***Ditongos orais fechados***
    apoio (subst.) — meu
- ***Ditongos nasais*** são sempre fechados:
  mãe — pão — põe

2. Tritongo

A reunião de *semivogal* + *vogal* + *semivogal*, numa só sílaba, constitui um tritongo.

Exemplos: iguais — averiguou — saguão — Paraguai — apaziguou.

3. Hiato

Dá-se quando dois fonemas estão juntos, mas se pronunciam em sílabas diferentes:

saída (sa-í-da) — saúde (sa-ú-de)

4. Encontros consonantais

Frequentemente, duas ou mais consoantes aparecem juntas num mesmo vocábulo. Essas consoantes podem estar na mesma sílaba, ou em sílaba diferente.

Exemplo: claro(cl) — sofre(fr) — prazo(pr) — glutão(gl) — plano(pl) — adjetivo(dj)

5. Dígrafos

Dígrafos são duas ou mais letras que representam um só fonema e não se separam na sua constituição fonética (pronúncia). Os dígrafos são os seguintes:

ch = cheio — chave — chato
lh = palha — galho — molhado
nh = minha — banho — rebanho
rr = narração — barro — surra

ss = disso — passar — passeio
qu = querer — quebrar — quilo
gu = seguir — guerra — guiar
sc = nascer — nascente
sç = nasça — desço
xc = exceto — exceção
xs = exsudar

✖ CUIDADO

Em casos como a palavra "conto",a consoante *N* não funciona como consoante, nem mesmo tem som de consoante. Ela fará parte do dígrafo vocálico *"on" (õ)*, e não constituirá um encontro consonantal.

Em casos como a palavra "**excesso**", os dois pares de consoantes formam apenas um som respectivamente, o que faz delas um dígrafo e portanto não um encontro consonantal, visto que representam apenas uma consoante cada par.

! OBSERVAÇÃO

Dígrafos que desempenham a função de consoantes: ch (chiado), lh (olho), nh (rainha), rr (carroça) e outros.

Dígrafos que desempenham a função de vogais nasais: an (ma**nto**), en (b**en**to), om (r**om**bo) e outros.

IV. SÍLABA

Sílaba é o som produzido por uma só emissão de voz. Pode ser uma letra ou um conjunto de letras.

Quanto ao número de sílabas, os vocábulos classificam-se em:

- **monossílabos** (uma sílaba): pá, pó, má, fé, lá, cá, já, rã, etc.
- **dissílabos** (duas sílabas): pajé, cipó, lama, café, jacá, rapé, mesa, lápis, etc.
- **trissílabos** (três sílabas): máquina, escrever, íntimo, lâmpada, caderno, etc.

- **polissílabos** (quatro ou mais sílabas): sobremesa, constitucional, melancólico, panegírico, etc.

Divisão silábica

A divisão em sílabas, de uma palavra, é feita geralmente pela soletração e não pelos elementos constitutivos da etimologia.

- A consoante inicial, não seguida de vogal, permanece na sílaba que a segue.

  Exemplos:
  mnemônica = mne/mô/ni/ca
  pneumático = pneu/má/ti/co

- No interior da palavra, sempre se conserva na sílaba que a precede a consoante não seguida de vogal.

  Exemplos:
  nupcial = nup/ci/al
  subjugar = sub/ju/gar
  opção = op/ção

- Jamais se separam os elementos de grupos consonantais iniciais de sílabas nem dos dígrafos “ch”, “lh”, “nh”.

  Exemplos:
  abrasar = a/bra/sar
  achegar = a/che/gar
  filho = fi/lho
  manhã = ma/nhã

- Às vezes, os grupos “bl” e “br”, formam grupos articulados e o “I” e o “r” se pronunciam separadamente, devendo pois separá-los na divisão silábica, bem como as consoantes “d” e “1”.

  Exemplos:
  sublingual = sub/lin/gual
  adlegação = ad/le/ga/ção

- Quando no interior de uma palavra o “sc” biparte-se. O “s” fica numa sílaba; o “c” na sílaba seguinte:

Exemplos:
consciente = cons/ci/en/ te
adolescente = a/do/les/cen/te
convalescença = con/va/les/cen/ça
rescindir = res/cin/dir
piscina = pis/ci/na

- A consoante "s", no interior de uma palavra, forma sílaba com o prefixo antecedente, quando precede consoante.

Exemplos:
perspicaz = pers/pi/caz
inscrição = ins/cri/ção
instrução = ins/tru/ção
interstício = in/ters/tí/cio

- O "s" dos prefixos "bis", "cis", "des", "dis", "trans" e o "x" do prefixo "ex" não se separa, quando a sílaba seguinte começar por consoante; mas se principiar por vogal, forma sílaba com esta e separa-se do elemento prefixal.

Exemplos:
bisneto = bis/ne/to
cisplatino = cis/pla/ti/no
desligar = des/li/gar
distração = dis/tra/ção
transportar = trans/por/tar
extrair = ex/tra/ir
bisavô = bi/sa/vô
cisandino = ci/san/di/no
desesperar = de/ses/pe/rar
disentérico = di/sen/té/ri/co
transatlântico = tran/sa/tlân/ti/co
exército = e/xér/ci/to

- As vogais iguais e as letras "cc", "cç", "rr", "ss" separam-se, ficando uma na sílaba que as precede e outra na sílaba seguinte.

Exemplos:
coordenar = co/or/de/nar
friíssimo = fri/ís/si/mo

intelecção = in/te/lec/ção
occipital = oc/ci/pi/tal
ressurreição = res/sur/rei/ção
prorrogar = pror/ro/gar

- As vogais dos hiatos também se separam e as vogais dos ditongos e tritongos não se separam.

  Exemplos:

Hiatos	saúde = sa/ú/de
	saída = sa/í/da
	doer = do/er
	duelo = du/e/lo
	leal = le/al
	voar = vo/ar
Ditongos	airoso = ai/ro/so
	animais = a/ni/mais
	aurora = au/ro/ra
	cruéis = cru/éis
	fugiu = fu/giu
Tritongos	Uruguai = U/ru/guai
	iguais = i/guais
	quais = quais

V. TONICIDADE

1. ***Acento*** é uma notação léxica que torna um vocábulo acentuado, conforme sua tonicidade. Na ortografia, o acento pode ser agudo (lápis), grave (àquele) ou circunflexo (pêssego). Na fonética, ele pode ser principal e secundário. Principal, quando indica a tonicidade prosódica (lápis); secundário, quando indica uma sílaba subtônica (leõezinhos).

2. As **sílabas** podem ser tônicas, subtônicas, átonas. As átonas podem ser pretônicas e postônicas.

   Sílabas tônicas são aquelas que recebem o acento principal

indicativo da tonicidade; subtônicas são as que recebem o acento secundário; átonas, as que vêm antes da sílaba tônica (pretônicas) ou após (postônicas).

Exemplos:

mínima	mí = sílaba tônica
	ni = sílaba postônica átona
	ma = sílaba postônica átona
avante	a = sílaba pretônica átona
	van = sílaba tônica
	te = sílaba postônica átona
escrever	es = sílaba pretônica átona
	cre = sílaba pretônica átona
	ver = sílaba tônica
manhãzinha	ma = sílaba pretônica átona
	nhã = sílaba subtônica
	zi = sílaba tônica
	nha = sílaba postônica átona

3. Quanto à sílaba tônica, os vocábulos classificam-se em:

- **oxítonos**: Sílaba tônica se encontra na última sílaba.
  Exemplos: escrever — fazer — amar — acolá — jacá — jacaré;
- **paroxítonos**: Sílaba tônica se encontra na penúltima sílaba.
  Exemplos: repórter — júri — lápis — livro — caneta — mesa;
- **proparoxítonos**: Sílaba tônica se encontra na antepenúltima sílaba.
  Exemplos: máquina — mínimo — ínfimo — íntimo — pêssego.

4. Os vocábulos monossílabos classificam-se em:

- **átonos**: me, te, se, lhe, de, etc.
- **tônicos**: nós, vós, cá, pá, 1a, dó etc.

! OBSERVAÇÃO

São átonos os vocábulos sem acentuação própria, isto é, os que não têm autonomia fonética, apresentando-se como sílabas átonas do vocábulo seguinte ou do vocábulo anterior. São tônicos os vocábulos com acentuação própria, isto é, os que têm autonomia fonética. Pode ocorrer que, conforme mantenha ou não sua autonomia fonética, o mesmo vocábulo seja átono numa frase, porém tônico, em outra. Tal pode acontecer também com vocábulos de mais de uma sílaba: serem átonos numa frase e tônicos em outra.

5. **Rizotônico:** quando o vocábulo, principalmente as formas verbais, tem a sílaba tônica no radical. Encontra-se o radical de um verbo, retirando-se a terminação **ar**, **er** ou **ir**.

Existem apenas oito formas **rizotônicas**: **eu, tu, ele** e **eles** do **presente do indicativo** e **eu, tu, ele** e **eles** do **presente do subjuntivo**. Observe a conjugação do verbo **cantar(radical=”cant”)** no presente do indicativo.

Eu **CAN**to
Tu **CAN**tas
Ele **CAN**ta
Nós can**TA**mos
Vós can**TAIS**
Eles **CAN**tam
Eles **CAN**tam

Arrizotônicos são os vocábulos que têm a sílaba tônica **fora** do radical

6. **Ortoépia** é a parte da fonética que dita normas para bem se pronunciar uma palavra.

Exemplos:

Correto	**Errado**
pneu	peneu
freada	freiada
bandeja	bandeija
cabeçalho	cabeçário
bueiro	boeiro

caderneta	cardeneta
advogado	adevogado
estupro	estrupo

7. **Prosódia** é o estudo da pronúncia regular das palavras, com a devida acentuação.

   Exemplos:

a. **Oxítonas:** cateter, condor, hangar, mister, Nobel, novel, recém, refém, ruim, sutil, ureter, Gibraltar.

b. **Paroxítonas:** avaro, barbárie, caracteres, cartomancia, ciclope, erudito, ibero, gratuito, fortuito, ônix, poliglota, pudico, rubrica, âmbar, decano, exegese, filantropo, têxtil, maquinaria, periferia, austero, recorde, Madagascar, circuito, intuito.

c. **Proparoxítonas:** aeródromo, alcoólatra, álibi, âmago, antídoto, elétrodo, protótipo, arquétipo, vermífugo, zênite, ínterim, idólatra, etíope, égide, cotilédones, aríete, âmago, bímano, chávena, cânhamo, êmbolo, plêiades, aerólito.

PARA EXERCITAR

1. O vocábulo cujo o número de letras é igual ao de fonemas está em:

a) desmedida
b) hóspede
c) elefante
d) rascunhos
e) ressoar

2. A palavra que apresenta ditongo crescente é:

a) quase
b) goela
c) aquário
d) sagui
e) quando

3. Só não existe hiato em:

a) atoleiros
b) enjoo
c) álcool
d) baú
e) joelho

4. Indique a palavra que tem 5 fonemas:

a) assar
b) caneta
c) telha
d) fixo
e) molhado

5. Assinale o vocábulo com ditongo nasal decrescente:

a) quarto
b) prêmio
c) aquarela
d) ausência
e) moravam

6. A palavra "chamada" apresenta:

a) um dígrafo e seis fonemas
b) um dígrafo e sete fonemas
c) sete letras e sete fonemas
d) sete letras e dois fonemas
e) sete letras e cinco fonemas

7. Marque o item que apresenta erro na divisão silábica:

a) xi-i-ta
b) de-ce-pção
c) ad-jun-to
d) in-fec-ção
e) pneu-má-ti-co

8. Casimiro de Abreu escreveu um poema chamado "Meus oito anos". Nesse pequeno trecho algumas palavras foram retiradas para que você indique se apresentam ditongo (crescente ou decrescente), **tritongo, hiato ou dígrafo.**

Oh! que saudades que tenho
Da aurora da minha vida,
Da minha infância querida
Que os anos não trazem mais!
— Que amor, que sonhos, que flores,
Naquelas tardes fagueiras
À sombra das bananeiras

Debaixo dos laranjais!
Como são belos os dias
Do despontar da existência!
— Respira a alma inocência
Como perfumes a flor;
O mar é — lago sereno,
O céu — um manto azulado,
O mundo — um sonho dourado,
A vida — um hino d'amor!
Que aurora, que sol, que vida,
Que noites de melodia
Naquela doce alegria,
Naquele ingênuo folgar!

a) saudades: ....
b) minha: ....
c) dias: ....
d) melodia: ....
e) sonho: ....
f) ingênuo: ....

GRAMÁTICA

SEGUNDA PARTE

MORFOLOGIA

UNIDADE II

I. FORMAÇÃO DAS PALAVRAS:

a. Derivação:

- imprópria
- própria

b. Composição:

- prefixação
- justaposição
- aglutinação

II. ESTRUTURA DAS PALAVRAS:

- radical
- tema
- prefixo
- sufixo
- desinência
- vogal de ligação
- vogal temática
- consoante de ligação
- parassintetismo
- prefixos latinos e gregos
- sufixos nominais e verbais

PARA EXERCITAR

MORFOLOGIA

Morfologia trata do estudo da estrutura, da formação e da classificação das palavras. Quando estudamos morfologia, estudamos as palavras isoladamente e não o seu papel inserida na frase ou período.

Estrutura e formação das palavras

Uma palavra pode ser formada por dois processos: a **derivação** e a **composição**.

I. FORMAÇÃO DAS PALAVRAS

a. Derivação

Derivação é o processo que se caracteriza ou pela mudança de classe das palavras, ou pelo acréscimo de um sufixo ao radical de uma palavra — daí o nome de derivação imprópria e derivação própria.

- **Derivação imprópria** é a que se caracteriza pela mudança de classe de palavras.

  Exemplos:
  O cura celebrou a missa (= o vigário)
  O médico te cura (= verbo curar)

- **Derivação própria** é a que se caracteriza pelo acréscimo de um sufixo ao radical de uma palavra.

  Exemplos:
  lento = lentamente
  Brasil = brasileiro

b. Composição

Composição é o processo que consiste na formação de palavras por meio de dois ou mais elementos. A composição pode ocorrer por prefixação, por justaposição e por aglutinação.

- Por **prefixação**, quando se antepõe um prefixo à palavra.

  Exemplos:
  des/contente — a/católico — in/divisível

- Por **justaposição**, quando os elementos se unem e apresentam uma só ideia, sem alteração na estrutura.

Exemplos:
passa/tempo = passatempo
couve/flor = couve-flor
vai/vem = vaivém

- Por **aglutinação**, quando os elementos se unem numa só palavra, alterando-lhe a estrutura e sofrendo modificações na escrita e na pronúncia.

  Exemplos:
  água/ardente = aguardente
  em/boa/hora = embora
  plano/alto = planalto

II. ESTRUTURA DAS PALAVRAS

Os elementos formadores de uma palavra são:

- **radical** = parte da palavra responsável por sua significação principal.
  Exemplo: (**cant**ávamos = cant)
- **tema** = parte constituída do radical, mais a vogal temática (cant+ a= canta);
- **prefixo** = elemento que se antepõe ao radical (**des**+contente=**des**contente);
- **sufixo** = elemento que se pospõe ao radical (feliz+**mente**=feliz**mente**);
- **desinência** = elemento final da palavra, que indica o gênero, número, pessoa ou grau, tempo ou modo. São as desinências nominais e verbais.
  - ***Desinências nominais*** indicam o gênero (masc/fem) e o número (sing/pl) dos nomes.

    Exemplos:
    menino/menina
    meninos/meninas
    Em nomes terminados em **r** e **z**, a desinência de plural se faz da seguinte forma:
    flor/flores
    luz/luzes

- ***Desinências verbais*** indicam o modo e o tempo (modo-temporais) e o número e a pessoa dos verbos(número-pessoais).

  Exemplos:

  canta**va** = -va (pretérito imperfeito do indicativo)

  cantáva**mos** = -mos (primeira pessoa do plural)

- **vogal de ligação** = vogal que une o radical a outro elemento sem alterar-lhe o sentido.

  Exemplos: gas**ô**metro, árvor**e**s, can**a**is

- **vogal temática** = vogal que se acrescenta ao radical do verbo para indicar-lhe a conjugação;

primeira conjugação	segunda conjugação	terceira conjugação
rein-a-va	escrev-e-sse	part-i-ra
ajud-a-va	cr-e-ra	sa-í-sse
realiz-a-sse	corr-e-rá	ped-i-mos

- **consoante de ligação** = consoante que une o radical a outro elemento sem alterar-lhe o sentido.

  Exemplos: pau**l**ada, cha**l**eira, cafe**z**al

- **Formação parassintética** é aquela que é formada por prefixação e sufixação ao mesmo tempo de forma dependente, ou seja, os dois afixos não podem se separar, devem ser usados ao mesmo tempo, pois sem um deles a palavra não se reveste de nenhum significado.

  Exemplos:

  a/manhã/ecer = amanhecer

  a/mole/cer = amolecer

- ***Prefixos latinos*** **=** Os prefixos latinos indicam, exprimem, denotam ou significam:

  - ação contrária

- afastamento
- aproximação ou tendência
- anterioridade
- através de ou além de
- bondade ou excelência
- do lado de cá
- em redor
- ideia de negação ou falta
- ideia de posição ou intermediária
- ideia de substituição
- ideia de dois ou de repetição
- ideia de três
- metade
- movimento para dentro
- movimento para fora
- movimento para trás
- movimento para trás ou repetição
- posição ao lado — posição fronteira ou oposição
- quase

• ***Prefixos gregos*** = Os prefixos gregos indicam, encerram ou denotam:

- ação contrária — através
- decomposição ou inversão
- anterioridade — bondade
- em torno de ou duplicidade
- excesso — metade — posição superior
- negação ou privação — subversão

prefixos gregos	prefixos latinos	significado	exemplos
a, na	**des, in**	privação, negação	**anarquia, desfeito, incapaz**
anti	**contra**	oposição, ação contrária	**antibiótico, contraindicação**
anfi	**ambi**	duplicidade, de um e outro lado, em torno	**anfíbio, ambidestro, ambivalente**
apo	**ab**	afastamento, separação	**apogeu, abstrair**
di	**bi(s)**	duplicidade	**dissílabo, bimestre**
dia, meta	**trans**	movimento através	**diálogo, transferir**
e(n)(m)	**i(n)(m)(r)**	movimento para dentro	**encéfalo, ingestão, irromper**
endo	**intra**	movimento para dentro, posição interior	**endométrio, intrauterino, intramuscular**
e(c)(x)	**e(s)(x)**	movimento para fora, mudança de estado	**êxodo, exportar, estender**
epi, super, hiper	**supra**	posição superior, excesso	**epílogo, superdotado, hipérbole, supracitado**
eu	**bene**	excelência, perfeição, bondade	**eutanásia, benéfico**
hemi	**semi**	divisão em duas partes	**hemisfério, semideus, semicírculo**
hipo	**sub**	posição inferior	**hipoalérgico, subterrâneo**
para	**ad**	proximidade, adjunção	**paralelo, adjunto**

peri	circum	em torno de	**periferia, circuncisão**
cata	de	movimento para baixo	**cataclisma, derrubar**
si(n)(m)	cum	simultaneidade, companhia	**sintonia, cúmplice,simpatia**

- **Sufixo** = Elementos que colocados depois do radical formam novas palavras.
- ***Sufixos nominais*** = responsáveis pela formação de nome (substantivo ou adjetivo):pedr-eiro, favel-ado.

  Os sufixos nominais podem indicar:
  - abundância
  - ação, resultado de ação
  - agente ou ofício — aumento
  - coleção ou reunião
  - diminuição
  - lugar ou profissão
  - inflamação
  - qualidade ou estado
  - relação ou origem ou naturalidade ou matéria

  Exemplos:
  - Adjetivos: rob**oide**, ped**inte**.
  - Substantivos: pin**tor**, necroman**cia**, barb**eiro**.

  Existem os aumentativos e diminutivos.
  - Diminutivo: cas**ebre**, cão**zinho**, bo**quinha**, mur**eta**, pedre**gulho**, roch**inha**
  - Aumentativo: casa**rão**, boca**rra**, mur**alha**, pedr**ona**, roche**do**, corp**anzil**, fog**aréu**.
- ***sufixos verbais*** = responsáveis pela formação de um verbo formado pelo sufixo mais a terminação verbal (vogal temática + desinência) : computador + izar = computadorizar

1ª conjugação:

- -ear, -ejar = cabecear, verdejar, gotear, gotejar
- -ficar, -fazer = liquidificar, liquefazer
- -icar, -iscar = bebericar, mordiscar
- -ilhar; -inhar = dedilhar, patinhar
- -itar = saltitar
- -izar = alfabetizar, catequizar

2ª conjugação:

- -ecer, -escer = amanhecer, rejuvenescer

PARA EXERCITAR

1. (IBGE) Assinale a opção em que todas as palavras se formam pelo mesmo processo:

a) ajoelhar / antebraço / assinatura
b) atraso / embarque / pesca
c) o jota / o sim / o tropeço
d) entrega / estupidez / sobreviver
e) antepor / exportação / sanguessuga

2. (BB) A palavra "aguardente" formou-se por:

a) hibridismo
b) parassíntese
c) aglutinação
d) derivação regressiva
e) justaposição

3. (AMAN) Que item contém somente palavras formadas por justaposição?

a) desagradável - complemente
b) vaga-lume - pé-de-cabra
c) encruzilhada - estremeceu
d) supersticiosa - valiosas
e) desatarraxou - estremeceu

4. (UE-PR) "Sarampo" é:

a) forma primitiva
b) formado por derivação parassintética
c) formado por derivação regressiva
d) formado por derivação imprópria
e) formado por onomatopeia

5. (EPCAR) Numere as palavras da primeira coluna conforme os processos de formação numerados à direita. Em seguida, marque a alternativa que corresponde à sequência numérica encontrada:

( ) aguardente	1) justaposição
( ) casamento	2) aglutinação
( ) portuário	3) parassíntese
( ) pontapé	4) derivação sufixal
( ) os contras	5) derivação imprópria
( ) submarino	6) derivação prefixal
( ) hipótese	

a) 1, 4, 3, 2, 5, 6, 1
b) 4, 1, 4, 1, 5, 3, 6
c) 1, 4, 4, 1, 5, 6, 6
d) 2, 3, 4, 1, 5, 3, 6
e) 2, 4, 4, 1, 5, 3, 6

6. (CESGRANRIO) Indique a palavra que foge ao processo de formação de chapechape:

a) zunzum
b) reco-reco
c) toque-toque
d) tlim-tlim
e) vivido

7. (UF-MG) Em que alternativa a palavra sublinhada resulta de derivação imprópria?

a) Às sete horas da manhã começou o trabalho principal: a votação.
b) Pereirinha estava mesmo com a razão. Sigilo... Voto secreto ... Bobagens, bobagens!
c) Sem radical reforma da lei eleitoral, as eleições continuariam sendo uma farsa!
d) Não chegaram a trocar um isto de prosa, e se entenderam.
e) Dr. Osmírio andaria desorientado, senão bufando de raiva.

8. (AMAN) Assinale a série de palavras em que todas são formadas por parassíntese:

a) acorrentar, esburacar, despedaçar, amanhecer
b) solução, passional, corrupção, visionário
c) enrijecer, deslealdade, tortura, vidente
d) biografia, macróbio, bibliografia, asteroide
e) acromatismo, hidrogênio, litografar, idiotismo

9. (FFCL SANTO ANDRÉ) As palavras couve-flor, planalto e aguardente são formadas por:

a) derivação
b) onomatopeia
c) hibridismo
d) composição
e) prefixação

10. (FUVEST) Assinale a alternativa em que uma das palavras não é formada por prefixação:

a) readquirir, predestinado, propor
b) irregular, amoral, demover
c) remeter, conter, antegozar
d) irrestrito, antípoda, prever
e) dever, deter, antever

11. (LONDRINA-PR) A palavra resgate é formada por derivação:

a) prefixal
b) sufixal
c) regressiva
d) parassintética
e) imprópria

12. (CESGRANRIO) Assinale a opção em que nem todas as palavras são de um mesmo radical:

a) noite, anoitecer, noitada
b) festa, festeiro, festejar
c) luz, luzeiro, alumiar
d) riqueza, ricaço, enriquecer
e) incrível, crente, crer

13. (SANTA CASA) Em qual dos exemplos abaixo está presente um caso de derivação parassintética?

a) Lá vem ele, vitorioso do combate.
b) Ora, vá plantar batatas!
c) Começou o ataque.
d) Assustado, continuou a se distanciar do animal.
e) Não vou mais me entristecer, vou é cantar.

14. (UF-MG) Em todas as frases, o termo grifado exemplifica corretamente o processo de formação de palavras indicado, exceto em:

a) derivação parassintética - Onde se viu perversidade semelhante?
b) derivação prefixal - Não senhor, não procedi nem percorri.
c) derivação regressiva - Preciso falar-lhe amanhã, sem falta.
d) derivação sufixal - As moças me achavam maçador, evidentemente.
e) derivação imprópria - Minava um apetite surdo pelo jantar.

15. (UF-MG) Em "O girassol da vida e o passatempo do tempo que passa não brincam nos lagos da lua", há, respectivamente:

a) um elemento formado por aglutinação e outro por justaposição
b) um elemento formado por justaposição e outro por aglutinação
c) dois elementos formados por justaposição
d) dois elementos formados por aglutinação
e) n.d.a

16. (UF-SC) Aponte a alternativa cujas palavras são respectivamente formadas por justaposição, aglutinação e parassíntese:

a) varapau - girassol - enfaixar
b) pontapé - anoitecer - ajoelhar
c) maldizer - petróleo - embora
d) vaivém - pontiagudo - enfurece
e) penugem - plenilúdio - despedaça

17. (UF SÃO CARLOS) Considerando-se os vocábulos seguintes, assinalar a alternativa que indica os pares de derivação regressiva, derivação imprópria e derivação sufixal, precisamente nesta ordem:

embarque
histórico
cruzes!
porquê
fala
sombrio

a) 2-5, 1-4, 3-6
b) 1-4, 2-5, 3-6
c) 1-5, 3-4, 2-6
d) 2-3, 5-6, 1-4
e) 3-6, 2-5, 1-4

18. (VUNESP) Em "... gordos irlandeses de rosto vermelho..." e "... deixa entrever o princípio de uma tatuagem.", os termos grifados são formados, respectivamente, a partir de processos de:

a) derivação prefixal e derivação sufixal
b) composição por aglutinação e derivação prefixal
c) derivação sufixal e composição por justaposição
d) derivação sufixal e derivação prefixal
e) derivação parassintética e derivação sufixal

19. (FURG-RS) A alternativa em que todas as palavras são formadas pelo mesmo processo de composição é:

a) passatempo - destemido - subnutrido
b) pernilongo - pontiagudo - embora
c) leiteiro - histórico - desgraçado
d) cabisbaixo - pernalta - vaivém
e) planalto - aguardente - passatempo

20. (UNISINOS) O item em que a palavra não está corretamente classificada quanto ao seu processo de formação é:

a) ataque - derivação regressiva
b) fornalha - derivação por sufixação
c) acorrentar - derivação parassintética
d) antebraço - derivação prefixal
e) casebre - derivação imprópria

UNIDADE III

I. FLEXÃO DAS PALAVRAS

- classes de palavras
- variáveis
- invariáveis

II. SUBSTANTIVO

1. Classificação:

- comum
- próprio
- concreto
- abstrato
- coletivo
- primitivo
- derivado
- simples
- composto

2. Flexão:

a. em gênero:

- masculino
- feminino
- comum-de-dois gêneros
- sobrecomum
- epiceno

b. em número:

- singular
- plural:
  - regras/destaque especial
  - substantivos compostos

c. em grau:

- aumentativo/diminutivo

I. FLEXÃO DAS PALAVRAS

Introdução — *As* palavras podem ser classificadas, de acordo com a sua função na frase, em grupos que chamamos de ***classes de palavras***.

- *As classes de palavras* são dez:

1º substantivo	6º verbo
2º artigo	7º advérbio
3º adjetivo	8º preposição
4º numeral	9º conjunção
5º pronome	10º interjeição

As palavras podem ser *variáveis ou invariáveis.* São *variáveis,* quando mudam, isto é, quando variam na sua flexão. Ex.: O aluno é estudioso — Os alunos são estudiosos.

- *São invariáveis,* quando não variam na sua flexão.

  Ex.: Talvez amanhã.

- As classes de palavras variáveis são:

1º substantivo	4º numeral
2º artigo	5º pronome
3º adjetivo	6º verbo

- As classes de palavras invariáveis são as do:

7º advérbio	9º conjunção
8º preposição	10º interjeição

II. SUBSTANTIVO

Ser é tudo aquilo que existe de real ou imaginário. Cada *ser* pessoa, animal, coisa, sentimento, leva um nome. Esse nome é o substantivo.

Substantivo é a palavra que designa os seres em geral.

1. Classificação

- ***Substantivo comum*** é aquele que se aplica a todos os seres de uma mesma espécie, com qualidades comuns.

Exemplos: menino, cachorro, homem, mulher, casa, lápis, mesa, caneta, etc.

- ***Substantivo próprio*** *é* aquele que se aplica a um determinado ser. Pode indicar nomes de pessoas, acidentes geográficos, entidades, astros, organizações, etc.

  Exemplos: Edu, Brasil, Organização das Nações Unidas, Vênus, *Vésper,* "Diário de Notícias", etc.

- ***Substantivo concreto*** *é* aquele que se aplica a todos os seres de uma mesma espécie, pessoas, animais, vegetais, lugares, coisas, que existem por si só ou apresentam-se em nossa imaginação como se existissem por si.

  Exemplos: homem, mulher, livro, ar, som, lápis, borracha, mesa, Deus, etc.

- ***Substantivo abstrato*** *é* aquele que designa um sentimento, uma ação, um estado, uma qualidade, não tendo existência independente.

  Exemplos: vaidade, amor, ódio, inveja, ira, ciúme, alegria, tristeza, etc.

- ***Substantivo coletivo:*** Entre os substantivos comuns destacam-se os *coletivos. Coletivo* é o substantivo que designa ou representa um conjunto de seres da mesma espécie.

  Exemplos:
  abelhas = colmeia, enxame
  alhos = réstia
  alunos = classe, escola, corpo discente
  animais de uma região = fauna
  anjos = coro, falange
  artistas = elenco
  barcos = frota
  bispos = concílio
  borboletas = panapaná
  cães = matilha
  camelos = cáfila
  cantores = coro, coral

cavaleiros = cavalgada
cavalos = tropel
cebolas = réstia
chaves = molho
elefantes = manada
estrelas = constelação
flores = ramalhete
hinos = hinário
ilhas = arquipélago
imagens= iconoteca
irmãos = irmandade
juízes = magistratura
jurados = conselho, júri
leis = legislação
lista = catálogo, rol
literatos = academia
lobos = alcateia
louças = louçaria
malandros = corja
mapas = atlas, mapoteca
médicos = junta
ministros = conselho, ministério
montanhas = serra, cordilheira
ouvintes = auditório, plateia
peixes = cardume
pinturas = pinacoteca
plantas de uma região = flora
porcos = vara, aduada, piara, vezeira
questões = questionário
tradições = folclore
uvas = racimo, cacho
vadios = cambada, malta

- ***substantivo primitivo*** é aquele que não provém de outra palavra; dá formação a outros substantivos chamados derivados.

  Exemplos: terra, pedra, guerra, livro, prato, vizinho, café, etc.
- ***substantivo derivado*** é aquele que provém ou deriva-se de outra palavra; é formado geralmente de morfemas de outros chamados primitivos.

  Exemplos: terreno, pedraria, guerreiro, livraria, prateleira, vizinhança, cafezal, etc.
- ***substantivo simples*** é aquele que é constituído de uma só palavra.

  Exemplos: flor, caneta, escola, chuva, etc.
- ***substantivo composto*** é aquele que é formado de mais de uma palavra, designando um só ser.

  Exemplos: couve-flor, caneta-tinteiro, navio-escola, guarda-chuva, etc.

2. Flexão

- Chama-se ***flexão*** a variação da desinência de uma palavra. O substantivo é uma palavra variável, porque flexiona não só em gênero, mas também em número e grau.

a. em gênero

Gênero é a propriedade que as palavras têm de indicar o sexo real dos seres ou o sexo fictício ou convencional das coisas.

Na língua portuguesa, são dois os gêneros: ***masculino e feminino.*** *O* substantivo é masculino ou feminino, de acordo com a sua terminação. Não há terminações exatas para cada gênero. Existem, entretanto, algumas regras gerais.

masculino/feminino

Em geral, os substantivos terminados em "o" são masculinos e os terminados em "a" são femininos. **Exemplos:** aluno/ aluna; pombo/pomba; gato/gata; pato/pata. São os **substantivos biformes** que apresentam duas formas, uma para o masculino, outra para o feminino, com apenas um radical.Os substantivos terminados em "ão" formam o feminino mudando o "ão" em "oa" ou em "ona" ou em "ã".

Exemplos:

chorão/ chorona; irmão/irmã.

Muitos substantivos formam o feminino por palavras diferentes, isto é, de modo irregular. São os **substantivos heterônimos** que apresentam duas formas, uma para o masculino, outra para o feminino, com dois radicais diferentes.

Exemplos:

ator/atriz; barão/baronesa; cão/cadela; boi/vaca; cavalo/ égua; cavaleiro/amazona; cavalheiro/dama; cônsul/consulesa; genro/ nora; homem/mulher; padrasto/madrasta.

Muitos substantivos apresentam apenas um forma, para ambos os gêneros. São os **substantivos uniformes** que recebem nomes especiais e que são os seguintes:

- **comum-de-dois gêneros/sobrecomum**

O substantivo ***comum-de-dois gêneros*** é aquele que tem uma só forma para ambos os gêneros. O que determina a distinção do masculino e do feminino é o uso do artigo "o" ou "a".

Exemplo: o colega, a colega.

São substantivos ***comuns-de-dois gêneros:*** o artista,/a artista; o banhista/a banhista; o jovem/a jovem; o estudante/a estudante; o selvagem/a selvagem; o intérprete/a intérprete; o rival/a rival ;o consorte/a consorte; o indígena/a indígena ;o titular/a titular; o doente/a doente; o ouvinte/a ouvinte; o regente/a regente.

O substantivo ***sobrecomum*** é aquele que possui um único gênero e esse gênero serve tanto para o masculino como para o feminino.

Exemplo: criança (Paulinho é criança. Maria é criança),

São substantivos ***sobrecomuns:*** o cônjuge; o chefe; o algoz; o verdugo; a vítima; a criatura; a criança.

- Há substantivos que só têm uma única forma para o masculino e feminino. Para se fazer a distinção de sexo, usam-se as palavras "macho" para o masculino e "fêmea" para o feminino. Esses substantivos chamam-se ***epicenos.***

  Exemplos: jacaré (O jardim zoológico tem um jacaré macho e um jacaré fêmea).

b. em número

Número é a flexão que indica uma ou mais unidades de um ser.

O substantivo pode ser *singular ou plural,* quando indica uma unidade ou mais de um ser respectivamente.

O plural caracteriza-se, em português, pelo "s" final. Porém, há diferentes maneiras de se formar o plural dos substantivos, dependendo da terminação do singular.

singular/plural

Forma-se o plural:

- pelo acréscimo de um "s" ao singular dos substantivos terminados em vogal ou ditongo oral.

  Exemplos: asa/asas herói/heróis; irmã/irmãs
- pelo acréscimo de "es" ao singular dos substantivos terminados em "s". Alguns não se modificam no plural, mesmo terminados em "s".

  Exemplos: mês/meses; o lápis/os lápis
- pela troca em "is" do singular dos substantivos terminados em "a1", "el", "ul".

  Exemplos: sal/sais; túnel/túneis; rouxinol/rouxinóis; Paul/Pauis
- pelo acréscimo de "es" ao singular dos substantivos terminados em "n", "r", "z".

  Exemplos: cânon/cânones; mulher/mulheres; cruz/cruzes
- pela mudança em "ns" ao singular dos substantivos terminados em "m".

  Exemplos: jovem/jovens; som/sons; jardim/jardins
- pela mudança em "eis" ou "is" do singular dos substantivos terminados em "il" átono respectivamente.

  Exemplos: réptil/répteis; projétil/projéteis; anil/anis
- pelo acréscimo de um "s" ou pela mudança em "ões" ou "ães" do singular dos substantivos terminados em "ão".

  Exemplos: órfão/órfãos; coração /corações; pão/pães.

OBSERVAÇÃO

Alguns substantivos cujo plural merece destaque:

singular	*plural*	*singular*	*plural*
acórdão	acórdãos	fim	fins
adeus	adeuses	folgazão	folgazões
alazão	alazões	fóssil	fósseis
álbum	álbuns	freguês	fregueses
álcool	álcoois	funil	funis
anzol	anzóis	glutão	glutões
barril	barris	glúten	glútens
beirão	beirões	grão	grãos
bênção	bênçãos	guardião	guardiães
cal	cales	hífen	hifens
cânon	cânones	irmão	irmãos
capelão	capelães	ímã	ímãs
capitão	capitães	jacá	jacás
caráter	caracteres	javali	javalis
carretel	carretéis	jejum	jejuns
chão	chãos	lápis	lápis
cidadão	cidadãos	lúcifer	lucíferes
cônsul	cônsules	maçã	maçãs
cortesão	cortesãos	mãe	mães
cós	cós(coses)	mal	males
cruz	cruzes	mão	mãos
demão	demãos	mar	mares
deus	deuses	mel	méis(meles)
éden	edens	mês	meses
elixir	elixires	ônix	ônix
escrivão	escrivães	ônus	ônus
fel	féis(feles)	oração	orações
		órfã	órfãs
		órfão	órfãos
		pá	pás

pai	pais	rês	reses
país	países	retrós	retroses
pires	pires	sal	sais
pólen	pólens	sermão	sermões
poltrão	poltrões	sótão	sótãos
projétil	projéteis	tabelião	tabeliães
pudim	pudins	tórax	tórax
raiz	raízes	valentão	valentões
repórter	repórteres	vez	vezes
réptil	répteis	vírus	vírus

Plural de substantivos compostos:

O primeiro elemento varia:

- quando há uma preposição ligando os dois elementos.

  pé-de-moleque = pés-de-moleque
  barco-a-vapor = barcos-a-vapor

- quando a preposição ou qualquer expressão está oculta ou quando o segundo elemento limita ou especifica a significação do primeiro.

  caneta-tinteiro = canetas-tinteiro
  escola-modelo = escolas-modelo
  saia-balão = saias-balão

O segundo elemento varia:

- quando os dois elementos não estão ligados por hífen, isto é, quando vêm unidos ou aglutinados.

  aguardente = aguardentes
  pontapé = pontapés
  lobisomem = lobisomens

- quando o primeiro elemento é verbo ou palavra invariável.

  beija-flor = beija-flores
  ave-maria = ave-marias

- quando os dois elementos são imitativos de vozes ou ruídos.

  tique-taque = tique-taques

  tico-tico = tico-ticos

  reco-reco = reco-recos

- e concorda com o substantivo quando os dois elementos são adjetivos. O 2º elemento concorda com o substantivo a que se refere.

  clínica cirúrgico-dentária = clínicas cirúrgico-dentárias

Os dois elementos variam:

- quando os elementos são dois substantivos ou substantivo + adjetivo.

  couve-flor = couves-flores

  obra-prima = obras-primas

  terça-feira = terças-feiras

- quando são constituídos de formas verbais repetidas.

  pisca-pisca = piscas-piscas

  corre-corre = corres-corres

Os dois elementos não variam:

- quando são constituídos de adjetivos e substantivos. Neste caso, subentende-se a expressão "da cor de".

  verde-limão = verde-limão

  verde-abacate = verde-abacate

OBSERVAÇÃO

Alguns substantivos compostos cujo plural merece destaque:

singular	***plural***
água-marinha	águas-marinhas
amor-perfeito	amores-perfeitos
arco-íris	arco-íris
arranha-céu	arranha-céus
ave-maria	ave-marias
banana-maçã	bananas-maçã
barco-a-vapor	barcos-a-vapor
beija-flor	beija-flores
bilhete-postal	bilhetes-postais
bota-fora (o)	bota-fora(os)
busca-pé	busca-pés
café-concerto	cafés-concerto
caneta-tinteiro	canetas-tinteiro
capitão-mor	capitães-mores
cara-metade	caras-metades
carta-bilhete	cartas-bilhetes
carta-patente	cartas-patentes
casa-de-caridade	casas-de-caridade
corre-corre	corres-corres
corrimão	corrimãos
couve-flor	couves-flores
decreto-lei	decretos-leis
erva-doce	ervas-doces
escola-modelo	escolas-modelo
estrada-de-ferro	estradas-de-ferro
flor-de-maio	flores-de-maio
ganha-perde (o)	ganha-perde (os)
girassol	girassóis

grã-duquesa	grã-duquesas
grão-chanceler	grão-chanceleres
grão-de-bico	grãos-de-bico
grão-duque	grão-duques
grão-mestre	grão-mestres
grão-sacerdote	grão-sacerdotes
guarda-bandeira	guarda-bandeiras
guarda-barreira	guarda-barreiras
guarda-chuva	guarda-chuvas
guarda-civil	guardas-civis
guarda-comida	guarda-comidas
guarda-freio	guarda-freios
guarda-jardim	guarda-jardins
guarda-noturno	guardas-noturnos
guarda-lança	guarda-lanças
guarda-mor	guardas-mores
guarda-nacional	guardas-nacionais
guarda-noturno	guardas-noturnos
guarda-pó	guarda-pós
guarda-real	guardas-reais
guarda-roupa	guarda-roupas
guarda-sol	guarda-sóis
guarda-vento	guarda-ventos
leva-traz (o)	leva-traz (os)
luze-luze (o)	luze-luzes (os)
manga-espada	mangas-espada
mão de obra	mãos de obra
mapa-múndi	mapas-múndi
médico-parteiro	médicos-parteiros
motor-a-óleo	motores-a-óleo
navio-escola	navios-escola
obra-prima	obras-primas

olho-de-boi	olhos-de-boi
padre-nosso	padre-nossos
pai-de-família	pais-de-família
pão-de-ló	pães-de-ló
pé-de-galinha	pés-de-galinha
perde-ganha (o)	perde-ganha (os)
perna-de-pau	pernas-de-pau
pisca-pisca	piscas-piscas
pisa mansinho (o)	pisa-mansinho (os)
porta-bandeira	porta-bandeiras
porta-estandarte	porta-estandartes
porta-lápis (o)	porta-lápis (os)
porta-voz	porta-vozes
processo-crime	processos-crime
pública-forma	públicas-formas
quarta-feira	quartas-feiras
quebra-cabeça	quebra-cabeças
quebra-noz	quebra-nozes
quinta-feira	quintas-feiras
redator-chefe	redatores-chefes
relógio-pulseira	relógios-pulseira
rompe-rasga (o)	rompe-rasga (os)
ruge-ruge (o)	ruge-ruge (os)
saca-rolha	saca-rolhas
saia-balão	saias-balão
sala-de-jantar	salas-de-jantar
sala-para-baile	salas-para-baile
salvo-conduto	salvo-condutos
sargento-mor	sargentos-mores
segunda-feira	segundas-feiras
segundo-sargento	segundos-sargentos
sempre-viva	sempre-vivas

sexta-feira	sextas-feiras
tenente-coronel	tenentes-coronéis
terça-feira	terças-feiras
trabalhador surdo-mudo	trabalhadores surdos-mudos
vale-ouro	vales-ouro
vice-cônsul	vice-cônsules
vice-reitor	vice-reitores
vira-lata (o)	vira-latas (os)

c. em grau

Grau é a propriedade que o substantivo tem de indicar o tamanho do ser.

O substantivo possui grau aumentativo e diminutivo.

aumentativo/diminutivo

Para designar um ser ou um objeto de tamanho maior que o normal, usa-se o grau ***aumentativo;*** de tamanho menor que o normal, usa-se o grau ***diminutivo.***

Há várias maneiras de formar o grau aumentativo dos substantivos. como também o grau diminutivo deles.

Grau aumentativo:

- acrescenta-se, ao final do substantivo, um sufixo que pode ser:

  ão: caixa/caixão; garrafa/garrafão
  zarrão: homem/homenzarrão
  aça: barca/barcaça
  alha: muro/muralha; forno/fornalha
  arra: boca/bocarra
  orra: cabeça/cabeçorra

Grau diminutivo:

- acrescenta-se, ao final do substantivo, um sufixo que pode ser:

  inho: livro/livrinho

eco: livro/livreco
zinho: irmão/irmãozinho
acho: rio/riacho
ejo: lugar/lugarejo
ico: burro/burrico
isco: chuva/chuvisco

OBSERVAÇÃO

Substantivo	*grau aumentativo*
animal	animalaço
barca	barcaça
beiço	beiçola, beiçorra
boca	bocarra
bobo	bobalhão
buraco	buracão
cabeça	cabeçorra
cão	canzarrão
carta	cartaz
casa	casarão
copo	copázio
corpo	corpanzil
cruz	cruzeiro
faca	facalhão
forno	fornalha
homem	homenzarrão
ladrão	ladravaz
mulher	mulheraça
muro	muralha
nariz	narigão
neve	nevasca
papel	papelão
pé	pezão
pobre	pobretão

pobre	pobretão
poeta	poetastro
rapaz	rapagão
rico	ricaço
sala	salão
santo	santarrão
sábio	sabichão
solteira	solteirona
vaga	vagalhão
vara	varejão
voz	vozeirão

substantivo	***grau diminutivo***
casa	casebre
chuva	chuvisco
cidade	cidadela
corda	cordel
espada	espadachim
fardo	fardel
flauta	flautim
flor	florzinha
globo	glóbulo
homem	homúnculo
língua	lingueta
lugar	lugarejo
mala	maleta
moça	moçoila
namoro	namorico
núcleo	nucléolo
papel	papeleta
parte	partícula
pedra	pedrisco
peito	peitoril
perna	pernil
poema	poemeto
rapaz	rapazote
rio	riacho
roda	rodela
via	viela

UNIDADE IV

ARTIGO

1. Classificação
   a. Artigos definidos
   b. Artigos indefinidos
2. Flexão
   a. Gênero
   b. Número

PARA EXERCITAR

ARTIGO

Artigo *é* a palavra variável que determina o substantivo de modo preciso ou vago.

1. Classificação

a. *O* artigo *é* ***definido*** quando determina o substantivo de modo preciso, indicando-lhe o gênero e o número.

Exemplo: Todos viram **o** menino.

b. *O* artigo *é* ***indefinido*** quando determina o substantivo de modo vago, incerto.

Exemplo: Todos viram **um** menino.

Artigos definidos

o — *O* rio atinge o seu objetivo.
a — *A* esperança é tudo .
os — Gravai *os* benefícios.
as — Esqueça *as* injúrias .

Artigos indefinidos

um — Ontem li *um* livro .
uma — Comparou-se a *uma* fogueira.
uns — São *uns* coitados!
umas — Disse *umas* verdades .

2. Flexão

O artigo flexiona-se em ***gênero*** e em ***número***.

a. *em gênero:* O artigo concorda com o substantivo, de acordo com o gênero em ***masculino*** *ou* ***feminino***.

Exemplo: **O** *governo* é **o** *sonho* do homem acordado. **A** *vaga* foi preenchida

b. *em número:* O artigo concorda com o substantivo, de acordo com o número ***singular*** *ou* ***plural***.

Exemplo: **O** *governo* tem assistido **os** *flagelados* das chuvas.

PARA EXERCITAR

1. (FUVEST/SP)

"Ele é o homem,
eu sou apenas
uma mulher"

Nesses versos, reforça-se a oposição entre os termos homem e mulher.

a) Identifique os recursos linguísticos utilizados para provocar esse reforço.

b) Explique por que esses recursos causam tal efeito.

UNIDADE V

ADJETIVO

1. **Formação**
   a. **simples/composto**
   b. **adjetivos uniformes/adjetivos biformes**
2. **Flexão:**
   a. **em gênero:**
      - masculino
      - feminino

   b. **em número:**
      - singular
      - plural

   c. **em grau:**
      - comparativo
        - igualdade
        - superioridade
        - inferioridade
      - superlativo
        - relativo
        - absoluto
        - analítico
        - sintético
3. **Locução adjetiva**
   - adjetivos pátrios

ADJETIVO

Adjetivo é uma palavra variável que dá ao substantivo uma qualidade. É a palavra com que se caracteriza o ser.

1. Formação

a. simples ou composto

Chama-se ***simples*** *o* adjetivo que é formado de uma só palavra.
Exemplos: humano, bom, belo, brasileiro, etc.

Chama-se ***composto*** *o* adjetivo que é formado de duas palavras.
Exemplos: sobre-humano, luso-brasileiro, etc.

b. adjetivos uniformes/adjetivos biformes

Há adjetivos que se referem a substantivos, sem sofrer alterações no gênero. São os ***adjetivos uniformes***.

Exemplos:
terno **azul** / blusa **azul**
homem **simples** / mulher **simples**
pão **quente** / broa **quente**
dia **regular** / noite **regular**
homem **cruel** / mulher **cruel**

Há adjetivos que se referem aos substantivos e têm uma forma para o masculino e outra para o feminino. São os ***adjetivos biformes***.

Exemplos:
Francisco é francês/Francisca é francesa
Taylor é inglês/Beth é inglesa
Café amargo/laranja amarga

2. Flexão

O adjetivo flexiona-se em:

a. em gênero

O adjetivo pode ser ***masculino*** ou ***feminino***, de acordo com o gênero do substantivo.

Exemplos: homem alto/mulher alta; menino magro /menina magra, etc.

masculino	*feminino*
aldeão	aldeã
anão	anã
ancião	anciã
ateu	ateia
cananeu	cananeia
chorão	chorona
cristão	cristã
europeu	europeia
fariseu	fariseia
filisteu	filisteia
folgazão	folgazã
glutão	glutona
grão	grã
hebreu	hebreia
judeu	judia
justo	justa
pagão	pagã
pigmeu	pigmeia
plebeu	plebeia
valentão	valentona

b. em número

O adjetivo possui singular e plural variável, de acordo com o substantivo. O adjetivo segue as mesmas regras de flexão de número (singular e plural) que os substantivos, com exceção dos adjetivos compostos.

Exemplo: acordo luso-brasileiro = acordos luso-brasileiros.

singular	*plural*
ágil	ágeis
amável	amáveis
andaluz	andaluzes
aprendiz	aprendizes
azul	azuis

folgazão	folgazões
folião	foliões
fóssil	fósseis
frágil	frágeis
gentil	gentis
glutão	glutões
grácil	gráceis
hábil	hábeis
causal	causais
censurável	censuráveis
circular	circulares
comum	comuns
cortês	corteses
cristão	cristãos
débil	débeis
espanhol	espanhóis
fácil	fáceis
ignóbil	ignóbeis
ilegível	ilegíveis
imóvel	imóveis
imperial	imperiais
inábil	inábeis
indelével	indeléveis
infantil	infantis
juvenil	juvenis
ruim	ruins

! OBSERVAÇÃO

Plural de adjetivos compostos:

- Quando for composto de adjetivos ou de palavra invariável mais adjetivo, varia só o último elemento.

Exemplos:

singular	acordo luso-brasileiro
plural	acordos luso-brasileiros
singular	clínica cirúrgico-dentária
plural	clínicas cirúrgico-dentárias
singular	gabinete cirúrgico-dentário
plural	gabinetes cirúrgico-dentários
singular	vestido verde-claro
plural	vestidos verde-claros
singular	criança recém-nascida
plural	crianças recém-nascidas

- Se um dos elementos for substantivo ou com a locução adjetiva cor de, fica invariável.

Exemplos:

saia amarelo-ouro	saias amarelo-ouro
bolsa cor-de-rosa	bolsas cor-de-rosa

✖ ATENÇÃO

variável: surdo-mudo (surdos-mudos, surda-muda, surdas-mudas)
invariáveis: azul-marinho; azul-celeste; ultravioleta.

c. em grau

- ***comparativo***

O advérbio "tão" geralmente caracteriza a igualdade entre dois seres comparados. Quando isso ocorre, o adjetivo encontra-se no ***grau comparativo de igualdade***.

Exemplo: A criança é tão *linda* como a flor.

O advérbio "mais" caracteriza a superioridade de um dos seres comparados em face do outro. Quando isso ocorre, o adjetivo encontra-se no grau ***comparativo de superioridade***.

Exemplo: A criança é *mais linda* que a flor.

O advérbio "menos" caracteriza a inferioridade de um dos seres comparados em face do outro. Quando isso ocorre, o adjetivo encontra-se no ***grau comparativo de inferioridade***.

Exemplo: A flor é *menos linda* que a criança.

- ***superlativo relativo***

Quando um substantivo se destaca entre os outros, ocupando uma posição superior em relação a todos, diz-se que o adjetivo está no ***grau superlativo relativo de superioridade***. O adjetivo vem precedido do advérbio "mais" e do artigo "o" (o mais).

Exemplo: Francisco é o *mais estudioso* de todos os alunos. Quando um substantivo ocupa uma posição inferior aos demais, diz-se que o adjetivo está no ***grau superlativo relativo de inferioridade***. O adjetivo vem precedido do advérbio "menos" e do artigo "o" (o menos).

Exemplo: João é o *menos estudioso* de todos os colegas.

- ***superlativo absoluto***

Na frase não deve ocorrer ideia de relação e nem de comparação. O advérbio "muito" que antecede o adjetivo caracteriza o ***grau superlativo absoluto analítico***.

Exemplo: Ana é muit*o estudiosa.*

Na frase também não deve ocorrer ideia de relação ou comparação. Em vez de se antepor um advérbio ao adjetivo, acresce-se a este o sufixo "íssimo" ou um outro. Quando isso ocorre, o adjetivo encontra-se no ***grau superlativo absoluto sintético.***

Exemplo: Anita é *estudiosíssima.*

! OBSERVAÇÃO

acre	acérrimo
admirável	admirabilíssimo

afável	afabilíssimo
ágil	agílimo
agro	agérrimo
alegre	alegríssimo
alto	altíssimo
amargo	amaríssimo
amável	amabilíssimo
amigo	amicíssimo
antigo	antiquíssimo
áspero	aspérrimo
atroz	atrocíssimo
benéfico	beneficentíssimo
benévolo	benevolentíssimo
bestial	bestialíssimo
boçal	boçalíssimo
bom	boníssimo, ótimo
capaz	capacíssimo
célebre	celebérrimo
comum	comuníssimo
cortês	cortesíssimo
cru	cruíssimo
cruel	crudelíssimo
descortês	descortesíssimo
difícil	dificílimo
doce	dulcíssimo
eficaz	eficacíssimo
fácil	facílimo
feliz	felicíssimo
fiel	fidelíssimo
fraco	fraquíssimo
frágil	fragílimo
frio	frigidíssimo
ilegível	ilegibilíssimo
incrível	incredibilíssimo

indelével	indelebilíssimo
íntegro	integérrimo
largo	larguíssimo
livre	libérrimo
louvável	louvabilíssimo
magnífico	magnificentíssimo
mau	malíssimo, péssimo
mísero	misérrimo
negro	nigérrimo
nobre	nobilíssimo
notável	notabilíssimo
pequeno	pequeníssimo, mínimo
plausível	plausibilíssimo
pobre	paupérrimo
pouco	pouquíssimo
regular	regularíssimo
rico	riquíssimo
rouco	rouquíssimo
sábio	sapientíssimo
sagaz	sagacíssimo
sagrado	sacratíssimo
salubre	salubérrimo
semelhante	simílimo
sensível	sensibilíssimo
simples	simplicíssimo
solúvel	solubilíssimo
terrível	terribilíssimo
vão	vaníssimo
veloz	velocíssimo
visível	visibilíssimo
voraz	voracíssimo
vulgar	vulgaríssimo

OBSERVAÇÃO

adjetivo	***grau comparativo de superioridade***
bom	melhor
mau	pior
grande	maior
pequeno	menor
alto	superior
baixo	inferior

3. Locução adjetiva

Se substituirmos uma expressão (geralmente um substantivo precedido de preposição) por um adjetivo equivalente, tem-se uma **locução *adjetiva*.** **Exemplo:** abraço *de irmão* = abraço fraternal.

Outros exemplos:

amor de pai = amor paternal
amor de filho = amor filial
jornal da manhã = jornal matutino
jornal da tarde = jornal vespertino
material de guerra = material bélico
abraços de irmão = abraços fraternais
leis da igreja = leis eclesiásticas
bênção de bispo = bênção episcopal

OBSERVAÇÃO

Há adjetivos que designam a nacionalidade, o lugar de origem de alguém ou de alguma coisa. Trata-se de ***adjetivos pátrios***.

Adjetivos Pátrios

Abissínia	abissínio
Açores	açoriano
Alemanha	alemão, germânico

Andaluzia	andaluz
Antilhas	antilhano
Aragão	aragonês
Argel	argeliano
Armênia	armênio
Astúrias	asturiano
Atenas	ateniense
Austrália	australiano
Bélgica	belga
Berlim	berlinense
Birmânia	birmanês
Bizâncio	bizantino
Braga	bracarense
Bragança	bragantino
Brasília	brasiliano, brasiliense
Bretanha	bretão
Buenos Aires	buenairense, portenho
Bulgária	búlgaro
Caldeia	caldeu
Campinas	campineiro, campinense
Canaã	cananeu
Cartago	cartaginês, puno
Castela	castelhano
Catalunha	catalão
Ceilão	cingalês
Checoslováquia	checoslovaco, checo
Chile	chileno
China	chinês
Chipre	cipriota
Coreia	coreano

Córsega	corso
Costa Rica	costarriquenho, costarriquense
Creta	cretense
Cuba	cubano
Damasco	damasceno, damasquino
Éfeso	efésio
Egito	egípcio
Escócia	escocês
Esparta	espartano
Espírito Santo	capixaba
Estados Unidos	norte-americano, estadunidense, ianque
Estônia	estoniano
Fenícia	fenício
Finlândia	finlandês
Flandres	flamengo
Florença	florentino
Gália	gaulês, galo
Galiza	galego
Gênova	genovês
Goiás	goiano
Granada	granadino
Grécia	grego, heleno
Guatemala	guatemalteco
Guiné	guinéu, guineense
Haiti	haitiano
Havana	havanês
Holanda	holandês, neerlandês, batavo
Honduras	hondurenho

Índia	hindu, indiano
Inglaterra	inglês
Irã	iraniano
Iraque	iraquiano
Irlanda	irlandês
Israel	israelense, israelita
Itália	italiano
Jamaica	jamaicano
Japão	japonês
Ligúria	lígure
Lima	limenho
Lisboa	lisboeta, lisboês, alfacinha
Madagascar	malgaxe
Madri	madrileno
Malta	maltês
Marajó	marajoara
Marrocos	marroquino
Marselha	marselhês
México	mexicano
Mônaco	monegasco
Moscou	moscovita
Nazaré	nazareno
Panamá	panamenho
Pequim	pequinês
Peru	peruano
Polônia	polonês
Portugal	português, luso, lusitano
Prata	platino
Romênia	romeno
Rússia	russo
	salvadorense

Salvador(BA)	soteropolitano, salvadorense
Santa Catarina	catarinense, catarineta, barriga-verde
São Paulo	paulista, paulistano
Sardenha	sardo
Sevilha	sevilhano
Síria	sírio, siríaco
Sodoma	sodomita
Suíça	suíço, helvécio
Tebas	tebano
Tibete	tibetano
Trás-os-Montes	transmontano
Uruguai	uruguaio

UNIDADE VI

NUMERAL

1. **Classificação:**
   a. **cardinal**
   b. **ordinal**
   c. **multiplicativo**
   d. **fracionário**
2. **Flexão**
   a. **em gênero:**
      - masculino
      - feminino
   b. **em número:**
      - singular
      - plural

NUMERAL

Numeral é a palavra variável que exprime ideia de número. Essa ideia pode expressar quantidade, ordem, multiplicação ou fração.

1. Classificação

O numeral classifica-se em ***cardinal, ordinal, multiplicativo*** e ***fracionário***.

a. O numeral que indica a quantidade certa dos seres coisas ou objetos, chama-se *numeral* ***cardinal***.
Exemplo: Disse *dez* vezes a mesma coisa.

b. O numeral que dá ideia de ordem e de série, isto é, indica o lugar ocupado por um ser ou uma coisa em determinada série chama-se *numeral* ***ordinal***.
Exemplo: *A primeira* palavra foi dita por Jorge.

c. O numeral que exprime ideia de multiplicação dos números chama-se *numeral* ***multiplicativo***.
Exemplo: Seis é o *triplo* de dois.

d. O numeral que indica uma divisão chama-se *numeral* ***fracionário***.
Exemplo: Alberto fez um *terço* do trabalho.

2. Flexão

O numeral flexiona-se em ***gênero*** e em ***número***.

a. em gênero

O numeral flexiona-se em gênero masculino e feminino.

b. em número

Certos numerais flexionam-se em número **singular** e **plural**.

> **! OBSERVAÇÃO**
>
> Os numerais cardinais “um” e “dois” variam em gênero.
> **Exemplos:** um pedaço/uma fatia; dois pedaços/duas fatias.

OBSERVAÇÃO

Os numerais cardinais "um" e "dois" variam em gênero.
Exemplos: um pedaço; uma fatia; dois pedaços/duas fatias.

OBSERVAÇÃO

Os numerais cardinais variam em gênero a partir de "duzentos".
Exemplo: duzentos homens /duzentas mulheres; trezentos meninos/ trezentas meninas, etc.

OBSERVAÇÃO

Os numerais cardinais "milhão", "bilhão", "trilhão", etc, variam em número.
Exemplos: um milhão de criaturas/vinte milhões de criaturas; um bilhão/dois bilhões; um trilhão/dez trilhões.

OBSERVAÇÃO

Os numerais ordinais variam em gênero e número.
Exemplos: O primeiro e o segundo/a primeira e a segunda; o terceiro desistiu, o quarto também; a terceira continuou e a quarta também.

OBSERVAÇÃO

Para designação dos "séculos", dos "capítulos", dos "reis" e dos "papas" devem ser usados os numerais ordinais de "um" a "dez"; de onze em diante usa-se normalmente o cardinal.

Exemplos:

Pedro I	Pedro Primeiro
Pedro II	Pedro Segundo
Século III	Século Terceiro
D. João IV	D. João Quarto
Capítulo V	Capítulo Quinto
Século VI	Século Sexto
Parágrafo VII	Parágrafo Sétimo
Bonifácio VIII	Bonifácio Oitavo
Pio IX	Pio Nono
Pio X	Pio Décimo
Pio XI	Pio Onze
Leão XIII	Leão Treze
Século XIV	Século Quatorze
Luís XV	Luís Quinze

OBSERVAÇÃO

Nº	Cardinais	Ordinais	Multiplicativos
1	um	primeiro	
2	dois	segundo	duplo ou dobro
3	três	terceiro	triplo ou tríplice
4	quatro	quarto	quádruplo
5	cinco	quinto	quíntuplo
6	seis	sexto	sêxtuplo
7	sete	sétimo	sétuplo
8	oito	oitavo	óctuplo
9	nove	nono	nónuplo
10	dez	décimo	décuplo
11	onze	undécimo ou décimo primeiro	undécuplo
12	doze	duodécimo ou décimo segundo	duodécuplo
13	treze	décimo terceiro	
14	quatorze	décimo quarto	
15	quinze	décimo quinto	
16	dezesseis	décimo sexto	
17	dezessete	décimo sétimo	
18	dezoito	décimo oitavo	
19	dezenove	décimo nono	
20	vinte	vigésimo	
21	vinte e um	vigésimo primeiro	
30	trinta	trigésimo	
40	quarenta	quadragésimo	
50	cinquenta	quinquagésimo	
60	sessenta	sexagésimo	

	Fracionários	Coletivos
	meio ou metade	duo, dueto, dupla
	terço	trio
	quarto	quarteto
	quinto	quinteto
	sexto	sexteto
	sétimo	
	oitavo	
	nono	novena
	décimo	dezena, década
	undécimo ou onze avos	
	duodécimo ou doze avos	dúzia
	treze avos	
	quatorze avos	
	quinze avos	
	dezesseis avos	
	dezessete avos	
	dezoito avos	
	dezenove avos	
	vinte avos	
	vinte e um avos	
	trinta avos	
	quarenta avos	
	cinquenta avos	
	sessenta avos	

70	setenta	septuagésimo		
80	oitenta	octogésimo		
90	noventa	nonagésimo		
100	cem	centésimo	cêntuplo	
200	duzentos	ducentésimo		
300	trezentos	tricentésimo		
400	quatrocentos	quadringentésimo		
500	quinhentos	quingentésimo		
600	seiscentos	seiscentésimo		
700	setecentos	septingentésimo		
800	oitocentos	octingentésimo		
900	novecentos	nongentésimo		
1 000	mil	milésimo		
10 000	dez mil	dez milésimos		
100 000	cem mil	cem milésimos		
1 000 000	um milhão	milionésimo		

OBSERVAÇÃO

Na leitura de um número, usa-se a conjunção aditiva “e” para ligar as ordens. Suprime-se a conjunção “e” entre as classes, exceto a última que é ligada por “e”. Se faltam as centenas também a penúltima classe é ligada por “e”.

Exemplos:

268 = duzentos e sessenta e oito.

8.294.932 = oito milhões, duzentos e noventa e quatro mil e novecentos e trinta e dois.

8.294.000 = oito milhões e duzentos e noventa e quatro mil.

	setenta avos	
	oitenta avos	
	noventa avos	
	centésimo	centena, cento
	duzentos avos	
	trezentos avos	
	quatrocentos avos	
	quinhentos avos	
	seiscentos avos	
	setecentos avos	
	oitocentos avos	
	novecentos avos	
	milésimo	milhar
	dez mil avos	
	cem mil avos	
	milionésimo	

UNIDADE VII

PRONOME

1. **Classificação:**
   a. **pessoal:**
      - reto
      - oblíquo
      - de tratamento

   b. **possessivo**
   c. **demonstrativo**
   d. **indefinido**
   e. **interrogativo**
   f. **relativo**

2. **Flexão**
   a. **em gênero:**
      - masculino
      - feminino

   b. **em número:**
      - singular
      - plural

   c. **em pessoa:**
      - primeira
      - segunda
      - terceira

3. **Locução pronominal**

PRONOME

Quando uma palavra está no lugar de nomes ou acompanha nomes chama-se ***pronome***.

Pronome *é*, pois, a palavra que substitui o substantivo, ou o acompanha para tornar claro o seu significado.

OBSERVAÇÃO

Quando um pronome está representando um "ser", isto é, um substantivo, chama-se ***pronome substantivo***. Quando acompanha um substantivo, limitando-lhe a significação, chama-se ***pronome adjetivo***.

Exemplos:

Pronomes substantivos

Vi um rosto que era o *seu*.
Aquilo foi distração do colega.
Por favor, traga-me *isto*.

Pronomes adjetivos

Este ano tem sido bom.
Quero dar-lhe *esse* livro.
A tua voz é maravilhosa.

1. Classificação

a. Quando um pronome designa uma pessoa de um discurso e representa o sujeito ou o complemento chama-se ***pronome pessoal***. Pronome pessoal são morfemas que expressam as pessoas gramaticais.

Exemplos:

Ele é um bom filho. Pediu-*me* um favor.

Os pronomes pessoais que exercem a função de sujeito chamam-se ***pronomes retos***; *os* que funcionam como complemento chamam-se ***pronomes oblíquos***.

Pessoas do discurso	retos	oblíquos
1ª pessoa singular	Eu	Me, mim, comigo.
2ª pessoa do singular	Tu	Te, ti, contigo.
3ª pessoa do singular	Ele/ela	O, a, lhe, se, si, consigo.
1ª pessoa do plural	Nós	Nos, conosco.
2ª pessoa do plural	Vós	Vos, convosco.
3ª pessoa do plural	Eles/elas	Os, as, lhes, se, si, consigo

OBSERVAÇÃO

Os pronomes oblíquos que podem combinar-se com o pronome "o" são: me, te, lhe, nos, vos.

Exemplos: me + o = mo; te + o = to; lhe + o = lho; nos + o = no-lo; vos +o= vo-lo.

OBSERVAÇÃO

Pronome "consigo"

"Consigo" é um composto de "com" e de "sigo", considerado da terceira pessoa gramatical. É de natureza reflexiva e só deve ser empregado quando se refere a um sujeito também da terceira pessoa.

Exemplos:

Traga consigo o livro. Ele levava consigo o livro.

É errado: Quero falar consigo.

O certo: Quero falar com você.

OBSERVAÇÃO

Em vez do pronome "eu" após uma preposição, usa-se a forma oblíqua correspondente "mim". Tal não ocorre, se o pronome "eu" exercer a função do sujeito na frase.

Exemplo: *Vá comprar um jornal para eu ler*. O mesmo ocorre com o pronome "tu".

É errado:	**O certo:**
Algo aconteceu entre eu e você	*Algo aconteceu entre mim e você*
Ficou sentado entre eu e ela	*Ficou sentado entre mim e ela*
Nada houve entre ele e tu.	*Nada houve entre ele e ti*
Algo aconteceu entre eu e tu	*Algo aconteceu entre mim e ti*
Isto é para mim levar	*Isto é para eu levar.*

OBSERVAÇÃO

Quando os pronomes oblíquos "o", "a", "os", "as" vierem após verbos terminados em "r", "s", "z" tomam as formas "lo", "la", "los", "las" respectivamente, e essas consoantes (r,s,z) desaparecem.

Exemplos:

pôr + *o* = *pô-lo*
amar + *a* = *amá-la*
estudar + *os* = *estudá-los*
fazer + *as* = *fazê-las*
pomos + *o* = *pomo-lo*
amamos + *a* = *amamo-la*
estudamos + *os* = *estudamo-los*
fazemos + *as* = *fazemo-las*
fiz + *o* = *fi-lo*
diz + *a* = *di-la*
refiz + *os* = *refi-los*
fez + *as* = *fê-las*

OBSERVAÇÃO

Quando os pronomes oblíquos "o", "a", "os", "as" vierem após verbos terminados em "m" ou em ditongo nasal (ão), tomam as formas "no", "na", "nos", "nas" respectivamente.

Exemplos:

puseram + o = puseram-no
amam + a = amam-na
estudaram + os = estudaram-nos
fazem + as = fazem-nas
dão + o = dão-no

Pronome de tratamento

Toda expressão de tratamento equivale à terceira pessoa, mesmo quando formada dos possessivos "sua" ou "vossa". **Exemplos:** Peço a *Vossa Excelência* que *aceite o* nosso pedido. Pediram a *Sua Excelência* que *aceitasse* o nosso pedido.

Pronomes de tratamento	Abreviatura Singular	Abreviatura Plural	Usados para
Você	V.	VV.	Usado para um tratamento íntimo, familiar.
Senhor, Senhora	Sr., Sr.ª	Srs., Srª.s	Pessoas com as quais mantemos um certo distanciamento mais respeitoso
Vossa Senhoria	V. S.ª	V. Sª.s	Pessoas com um grau de prestígio maior. Usualmente, os empregamos em textos escritos, como: correspondências, ofícios, requerimentos, etc.

Vossa Excelência	V. Ex.ª	V. Ex.ªs	Usados para pessoas com alta autoridade, como: Presidente da República, Senadores, Deputados, Embaixadores, etc.
Vossa Eminência	V. Em.ª	V. Em.ªs	Usados para Cardeais.
Vossa Alteza	V. A.	V V. A A.	Príncipes e duques.
Vossa Santidade	V.S.	-	Para o Papa.
Vossa Reverendíssima	V. Rev.mª	V. Rev.mªs	Sacerdotes e Religiosos em geral.
Vossa Paternidade	V. P.	VV. PP.	Superiores de Ordens Religiosas.
Vossa Magnificência	V. Mag.ª	V. Mag.ªs	Reitores de Universidades
Vossa Majestade	V. M.	V V. M M.	Reis e Rainhas.

OBSERVAÇÃO

Quando os pronomes de tratamento referem-se à pessoa de quem se fala (3ª pessoa) apresentam-se com o possessivo "sua" e tomam as formas: Sua Senhoria, Sua Excelência, Sua Santidade, etc. Quando os pronomes de tratamento referem-se à pessoa com que se fala (3ª pessoa) apresentam-se com o possessivo "vossa".

Exemplos: Vossa Senhoria, Vossa Excelência, Vossa Santidade, etc.

b. ***possessivo*** é o pronome que indica a pessoa a quem deve pertencer a coisa expressa.

Exemplo: Eu ouvi o *seu* grito.

OBSERVAÇÃO

Número	Pessoa	Pronomes possessivos
singular	primeira	meu, minha, meus, minhas
	segunda	teu, tua, teus, tuas
	terceira	seu, sua, seus, suas
plural	primeira	nosso, nossa, nossos, nossas
	segunda	vosso, vossa, vossos, vossas
	terceira	seu, sua, seus, suas

c. ***demonstrativo*** é o pronome que indica o substantivo, mostrando relação de espaço ou de tempo com esta ou aquela pessoa gramatical, isto é, demonstra a identidade da pessoa ou do objeto.

Exemplo: *Este* livro é útil.

OBSERVAÇÃO

Primeira pessoa Este, estes, esta, estas, isto
Segunda pessoa Esse, esses, essa, essas, isso
Terceira pessoa Aquele, aqueles, aquela, aquelas, aquilo

OBSERVAÇÃO

Este, esta, isto — são pronomes demonstrativos que acompanham um substantivo, demonstrando a identidade do objeto que está *perto da pessoa que fala.*

Exemplos: *Este* livro é útil. *Esta* régua é de madeira. *Isto* é proibido.

Esse, essa, isso — são pronomes demonstrativos que acompanham o substantivo, demonstrando a identidade do objeto, o lugar em que ele se encontra, isto é, *perto da pessoa com quem se está falando, ou* afastado da pessoa que está falando.

Exemplos: Queira mostrar-me *esse* caderno. Você não me apresentou *essa* pessoa. Prove que *isso* é bom!

Aquele, aquela, aquilo — são pronomes demonstrativos que acompanham um substantivo, demonstrando não só a identidade da pessoa, mas o lugar em que ela se encontra, isto é, afastada da pessoa que fala e da pessoa a quem se fala.

Exemplos: *Aquela* senhora é minha amiga. *Aquele* livro é de Matemática. *Aquilo* não tem procedência,

"O" é pronome demonstrativo quando vier antes de um "que".

Exemplos: Dei-lhe *o* que havia pedido. Não sei *o* que se passa com ela.

d. ***indefinido*** é o pronome que se refere a pessoas ou coisas de modo vago ou incerto. Refere-se à terceira pessoa gramatical.

Exemplos: *Ninguém* falava. *Tudo* eram ilusões.

Variáveis				Invariáveis
Singular		Plural		
Masculino	Feminino	Masculino	Feminino	
algum	alguma	alguns	algumas	
nenhum	nenhuma	nenhuns	nenhumas	alguém
todo	toda	todos	todas	ninguém
muito	muita	muitos	muitas	outrem
pouco	pouca	poucos	poucas	tudo
vário	vária	vários	várias	nada
tanto	tanta	tantos	tantas	algo
outro	outra	outros	outras	cada
quanto	quanta	quantos	quantas	
qualquer		quaisquer		

e. ***interrogativo*** é o pronome que se refere à pessoa ou coisa não conhecida e se usa em frases interrogativas.

Exemplos: *Quem* está ali? *Quanto* custa?

OBSERVAÇÃO

Variáveis	***Invariáveis***
Qual, quanto	Quem, que

f. **relativo** é o pronome que se refere a um nome com o qual está relacionado.

Exemplos: O livro *que* comprei é de grande utilidade. O professor de *quem* falamos é severo.

OBSERVAÇÃO

Qual, o qual, a qual, os quais, as quais, cujo, cuja, cujos, cujas, que, quanto, quantas, quantos, onde

2. Flexão

O pronome flexiona-se em ***gênero, número*** e ***pessoa***.

a. em gênero

O pronome possui ***masculino*** e ***feminino***.

Exemplos: este/esta; esse/essa;
aquele/aquela, etc.

b. em número

O pronome possui ***singular*** e ***plural***.

Exemplos: este/estes; esse/esses;
aquele/aqueles, etc.

c. em pessoa

O pronome possui três, pessoas: *1ª*, *2ª*, e 3ª.

A **1ª pessoa** é a que fala: eu e nós.

A **2ª pessoa** é a com quem se fala: tu e vós.

A **3ª pessoa** é a de quem se fala: ele, ela, eles, elas.

3. Locução pronominal

Locução pronominal é o conjunto de palavras que fazem as vezes de um pronome.

Exemplos: cada um, cada qual, qualquer um, quem quer que, seja quem for, seja qual for, etc.

OBSERVAÇÃO

O pronome ***"cujo"*** indica uma relação de posse. O pronome "cujo" e suas flexões "cuja", "cujos", "cujas", acompanha o substantivo estabelecendo uma relação de posse entre o possuidor e o possuído. É um pronome adjetivo relativo.

O pronome "cujo" concorda com a coisa possuída, isto é, com o consequente.

Exemplos: O aluno *cujos* cadernos estão guardados, não assistia às aulas. Tenho uma fazenda *cujas va*cas são leiteiras.

O pronome "cujo", estabelecendo uma relação de posse, significa "do qual".

Exemplos: Discorreu sobre Castro Alves, poeta *cujos* versos são imortais. Apresento-lhe a professora *cujo* marido também é professor.

O pronome "cujo" não pode vir precedido ou seguido de artigo. Portanto, as expressões que seguem estão erradas: — Comprei um terno *cuja a* cor é maravilhosa. Tenho uma caneta *cuja a* pena é de ouro.

O pronome "cujo" pode vir precedido de preposições, quando exigidas.

Exemplos: A funcionária *por cujo* intermédio consegui a informação é muito atenciosa.

Aqui está o professor *de cuja* aula não podes prescindir.

OBSERVAÇÃO

O pronome ***quem***, de acordo com a sua posição na frase ou no sentido que encerra, pode ser:

- ***pronome interrogativo***. Introduz uma oração interrogativa direta ou indireta.

  Exemplos: *Quem és* tu? Sempre está ciente *com quem ou de quem* está falando, perguntou-lhe o chefe.

- ***pronome relativo***. Normalmente vem precedido de uma preposição e introduz uma oração adjetiva.

  Exemplos: O professor *de quem você* falou foi transferido. Conheço o professor *a quem você* se dirigiu e *de quem* me falou.

- ***pronome indefinido***. Não tem antecedente.

  Exemplo: Vá ver *quem é*. Mande que se dirija a *quem* procura.

PARA EXERCITAR

Leia este poema de Sílvio Bedani. Nele há inúmeras marcas da 1ª pessoa, como se pode notar pela presença dos verbos e pronomes. Retire o que é pedido abaixo:

LÂMINA

Leio no brilho do teu olho
meu corpo-dado como morto-
Re-nascido.

Escrevo na folha do teu corpo
meu nome-antes sem voz nem paz-
Re-citado

Calado e inteiro ao teu lado
te ofereço a face
te estendo a mão
E estou ao alcance de tua alma.

Calma, eu posso te ver em mim
e me ver em ti
corpo e alma:
reflexos, ecos, pedaços completos:
amor.

(*Quadrívio*. São Paulo: Plêiade, 1997.p.25.)

a) pronomes possessivos:
b) pronomes pessoais do caso oblíquo:
c) pronome pessoal do caso reto:

UNIDADE VIII

VERBO

1. **Classificação:**
   a. regular
   b. irregular
   c. anômalo
   d. defectivo
   e. abundante
   f. auxiliar
2. **Conjugações:**
   - três são as conjugações.
3. **Formação:**
   a. primitivo e derivado
   b. simples e composto
4. **Flexão:**
   a. modo
   b. formas nominais
   c. tempo
   d. número
   e. pessoa

f. **voz**

- ativa
- passiva
- reflexiva

5. Locução verbal:

- verbos auxiliares

6. formação do imperativo

- afirmativo
- negativo

7. verbos regulares:

- amar — vender — partir

8. verbos irregulares:

- odiar — dizer — vir

9. verbos onomatopaicos

VERBO

Verbo é uma palavra variável que denota ou exprime ação, estado ou fenômeno.

1. Classificação

a. regular é o verbo que não sofre alterações no radical, e conserva as mesmas terminações do modelo de sua conjugação.

Exemplo:

eu cant-o	nós cant-amos
tu cant-as	vós cant-ais
ele cant-a	eles cant-am

b. irregular é o verbo que sofre alterações no radical e não conserva as mesmas terminações do modelo de sua conjugação.

Exemplo:

eu d-ou	nós d-amos
tu d-ás	vós d-ais
ele d-á	eles d-ão

Exemplo:

eu sei	nós sab-emos
tu sab-es	vós sab-eis
ele sab-e	eles sab-em

c. anômalo é o verbo que sofre em quase todos os modos e tempos, profundas irregularidades e tem radicais completamente diferentes.

Exemplo:

eu sou	eu fui
eu era	eu fosse

d. defectivo é o verbo que não é conjugado em todos os modos, tempos e pessoas.

Exemplo:

eu ...	nós falimos
tu ...	vós falis
ele ...	eles ...

e. **abundante** é o verbo que tem duas formas no particípio. O verbo que tem mais de uma forma para a mesma pessoa ou para o particípio chama-se abundante.

Exemplo:

aceitado aceito

f. **auxiliar** é o verbo que serve para se unir às formas nominais de outros verbos para constituir as conjugações compostas ou as locuções verbais.

Exemplos:

ter haver ser estar

OBSERVAÇÃO

Radical é a parte invariável do verbo. Terminação é a parte final que caria de diferentes maneiras.

Exemplos:

radical	***terminação***	***tema = lexema + vogal temática***
cant	ar	
vend	er	cant + a
part	ir	vend+e
cant	o, as, a, amos, ais, am	part + i

2. Conjugações

Conjugação é a flexão do verbo por modos, tempos, números, pessoas e vozes. Os verbos se agrupam em conjugações, conforme a vogal temática. A característica, pois, de cada conjugação é a sua vogal temática. Temos três conjugações.

- A vogal temática da 1ª conjugação é "a":

  cant-ar

- A vogal temática da 2ª conjugação é "e":
  vend-er
- A vogal temática da 3ª conjugação é "i":
  part-ir
  Obs. o *r* é o morfema do infinitivo

OBSERVAÇÃO

O verbo "pôr" e os dele formados estão incluídos entre os verbos irregulares da 2ª conjugação.

3. Formação

Quanto à formação, o verbo pode ser **primitivo** ou **derivado**, **simples** ou **composto**.

a. **primitivo** ou **derivado**, conforme pode ou não derivar de outro.
   Exemplos:
   primitivo: beber
   derivado: bebericar

b. **simples** ou **composto**, conforme sua formação é de um ou mais elementos.
   Exemplos:
   simples: louvar
   composto: tenho louvado

4. Flexão

O verbo pode apresentar uma ação de maneira diversa. Ora apresenta a ação de modo positivo e absoluto; ora como dependente de outra e ,outras vezes, sob forma de exortação. Essas maneiras de apresentar um fato, uma ação, chamam-se modos.

a. ***modo*** é a maneira que o verbo tem de apresentar um fato ou uma ação. E são três as maneiras, isto é, são três os modos.

modos

- **Indicativo**: indica uma certeza, uma realidade.
  Exemplo: Eu sempre **estudo** para as provas.
- **Subjuntivo**: indica uma dúvida, uma possibilidade.
  Exemplo: Talvez eu **estude** para a prova.
- **Imperativo**: indica uma ordem, um pedido.
  Exemplo: Estuda agora, filho.

b. ***formas nominais*** são variações ou flexões que o verbo tem para indicar o ***infinitivo,*** *o* ***gerúndio*** e o ***particípio.***

- O ***infinitivo*** pode ser ***pessoal*** *ou* ***impessoal***.
  Exemplos:
  - **pessoal**: cantar eu, / cantares tu, / cantar ele / cantarmos nós, / cantardes vós, / cantarem eles
  - **impessoal**: cantar, amar, vender, partir, estudar.
- O ***gerúndio***: amando, estudando, vendendo, etc.
- O ***particípio***: amado, estudado, vendido, etc.

c. ***tempo*** é também a maneira que o verbo tem para indicar o fato em determinado momento. O fato pode ser indicado no momento em que a pessoa fala, pode ser indicado um fato já acontecido, isto é, anterior ao momento em que a pessoa fala, e um fato que ainda vai acontecer, isto é, um fato que certamente ocorrerá depois do momento em que a pessoa fala.

O verbo tem três tempos: ***presente, pretérito*** e ***futuro***.

- ***Presente*** indica o fato que ocorre no momento em que a pessoa fala.
  Exemplos: eu estudo; ele brinca.
- ***Pretérito*** indica o fato já acontecido, isto é, um fato anterior ao momento em que a pessoa fala.
  Exemplos: eu estudei; ele brincou.

! OBSERVAÇÃO

O pretérito subdivide-se em:
pretérito imperfeito: eu estudava
pretérito perfeito simples: eu estudei
pretérito perfeito composto: eu tenho estudado
pretérito mais-que-perfeito simples: eu estudara
pretérito mais-que-perfeito composto: eu tinha estudado

- ***Futuro*** indica um fato que ainda vai acontecer, isto é, um fato que certamente ocorrerá depois do momento em que a pessoa fala.
  Exemplos: eu estudarei; ele brincará.

! OBSERVAÇÃO

O futuro subdivide-se em:
futuro do presente simples: eu estudarei
futuro do presente composto: eu terei estudado
futuro do pretérito simples: eu estudaria
futuro do pretérito composto: eu teria estudado

d. **número** é a flexão que o verbo tem para indicar singular ou plural, de acordo com o sujeito.
Exemplos: Eu estudo / nós estudamos.

e. **pessoa** é a flexão que o verbo tem para indicar a relação que existe entre as pessoas gramaticais que lhe servem de sujeito.
Exemplos:

1ª pessoa:	eu — a pessoa que fala: eu estudo
2ª pessoa:	tu — a pessoa com quem se fala: tu amas
3ª pessoa:	ele — a pessoa de quem se fala: ele viajou.

f. **voz** é a flexão que o verbo tem ou toma, consoante a ação exercida ou sofrida pelo sujeito. A voz pode ser ativa, passiva ou reflexiva.

Voz ativa

Quando é o sujeito que pratica a ação expressa pelo verbo, dizemos que o verbo está na **voz ativa**. Nesse caso, o sujeito chama-se **agente**. A voz ativa tem o verbo na forma simples.

Exemplos: Deus criou o mundo. O aluno estudou a lição.

Voz passiva

Quando o sujeito recebe ou sofre a ação do verbo, dizemos que o verbo está na **voz passiva**. A ação do verbo, portanto, é recebida pelo sujeito, que se chama **paciente**. A voz passiva pode ser construída de dois modos:

- com verbo auxiliar;
- com pronome apassivador.

! OBSERVAÇÃO

Voz passiva com o verbo auxiliar "ser".

A voz passiva, mediante o verbo "ser", ocorre nas seguintes circunstâncias:

1ª — a frase, quando na voz ativa, deve possuir um objeto direto. Deduz-se, daí, que somente os verbos transitivos diretos possuem e podem ter voz passiva.

2ª — o objeto direto da frase da voz ativa torna-se sujeito (passivo) quando na voz passiva.

3ª — o verbo da voz ativa empresta ao verbo auxiliar "ser" o modo e o tempo (menos a pessoa) e vai para o particípio, flexionando-se de acordo com o gênero e número do sujeito passivo.

4ª — o sujeito do verbo da voz ativa torna-se agente da passiva quando na voz passiva. O agente da passiva pode ser construído mediante as preposições: por, pelo, pela, de.

Exemplos:

Voz ativa
O aluno estuda a lição
O aluno estudava a lição
O aluno estudará a lição
O aluno estudaria a lição
Que o aluno estude a lição
Se o aluno estudasse a lição
O mestre instruir-me-á
O mestre instruir-nos-á
O mestre instruir-vos-á
O colega dar-lhe-á um abraço
Pedir-vos-ei um favor

Voz passiva
A lição é estudada pelo aluno
A lição era estudada pelo aluno
A lição será estudada pelo aluno
A lição seria estudada pelo aluno
Que a lição seja estudada pelo aluno
Se a lição fosse estudada pelo aluno
Eu serei instruído pelo mestre
Nós seremos instruídos pelo mestre
Vós sereis instruídos pelo mestre
Um abraço ser-lhe-á dado pelo colega
Um favor ser-vos-á pedido por mim
(Ela) ser-te-á dada por mim
Ele ser-vos-á dado por nós
Ela é amada por mim
Ela será amada por mim
Ela foi estudada por mim

OBSERVAÇÃO

Voz passiva com o pronome apassivador "se".

A voz passiva mediante o pronome apassivador "se" tem um sujeito paciente e ocorre em se tratando de seres inanimados.

Exemplos:

Voz passiva (com o verbo "ser")
Casa é alugada
Casas são alugadas
Esta casa será vendida
As fazendas seriam vendidas
Será providenciado o salário
Será prorrogado o prazo
Foram plantadas árvores
Que sejam feitas as lições
O trigo era transportado

Voz passiva (com o pronome "se")
Aluga-se casa
Alugam-se casas
Vender-se-á esta casa
Vender-se-iam as fazendas
Providenciar-se-á o salário
Prorrogar-se-á o prazo
Plantaram-se árvores
Que se façam as lições
Transportava-se o trigo

Voz reflexiva

Quando o sujeito pratica e recebe a ação do verbo, dizemos que o verbo está na **voz *reflexiva*.**

Exemplos: O menino feriu-se. O rapaz machucou-se.

5. Locução verbal

Locuções verbais são dois ou mais verbos que se unem para formar uma conjugação composta, tendo o valor de um só verbo. **Exemplos:** Hei de vencer. Vive a cantar.

Verbos auxiliares

Há vários tipos de verbos auxiliares:

1. **Verbos auxiliares dos tempos compostos**. São os verbos **ter** e **haver** seguidos do verbo principal no particípio passado:
   (1) «A Luana **tem** feito suas tarefas todos os dias.»

2. **Verbos auxiliares modais**. São os verbos **poder, dever** e **ter de**, seguidos do verbo principal no modo infinitivo:
   (2) «A Luana **pode** deixar seus pertences em minha casa.»

3. **Verbos auxiliares aspectuais**. São os verbos **estar a**, **andar a**, **ficar a**, **começar a**, **continuar a**, **acabar de**, **deixar de**, que formam com o verbo principal um complexo verbal com valor aspectual:
   (3) «A Luana **está a** viajar/viajando.»

4. **Verbos auxiliares temporais**. São os verbos **ir** e **haver de**, que formam com o verbo principal um complexo verbal com valor de futuro:
   (4) «Débora **vai** sair mais tarde hoje.»

5. **Verbo auxiliar da passiva**. É o verbo **ser** seguido do particípio passado do verbo principal:
   (5) «Pedrinho **foi** castigado pela mãe.»

6. Formação do Imperativo

1. Observe que "tu estudas" e "vós estudais" correspondem à 2ª pessoa do singular e do plural do presente do indicativo do verbo "estudar". Corta-se o "s" das duas pessoas e forma-se o *imperativo afirmativo* de qualquer verbo (menos do verbo "ser"). As demais pessoas 3ª do singular (você), 1ª do plural (nós) e 3ª do plural (vocês) são iguais às do presente do subjuntivo.

   Exemplos:

   Que você estude — estude você
   Que nós estudemos — estudemos nós
   Que vocês estudem — estudem vocês

2. Observe que "que tu estudes", "que você estude", "que nós estudemos", "que vós estudeis", "que vocês estudem" correspondem ao presente do subjuntivo. Do presente do subjuntivo tira-se o *imperativo negativo,* antepondo-se a partícula negativa "não". Assim: não estudes tu, não estude você, etc.

   Observe esse exemplo de formação do imperativo:

Presente do indicativo	Imperativo afirmativo	Presente do subjuntivo
Eu canto	***********	Que eu cante
Tu **cantas** (**-s**)	canta (tu)	Que tu cantes
Ele canta	cante (você)	Que ele **cante**
Nós cantamos	cantemos (nós)	Que nós **cantemos**
Vós **cantais** (**-s**)	cantai (vós)	Que vós canteis
Eles cantam	cantem (vocês)	Que eles **cantem**

7. VERBOS REGULARES

Conjugação

Amar = verbo regular modelo da 1ª conjugação
Bater = verbo regular modelo da 2ª conjugação
Partir = verbo regular modelo da 3ª conjugação.

Verbo amar

Formas Nominais	Presente do Indicativo	Imperfeito do Indicativo
infinitivo: amar	eu amo	eu amava
gerúndio: amando	tu amas	tu amavas
particípio: amado	ele ama	ele amava
	nós amamos	nós amávamos
	vós amais	vós amáveis
	eles amam	eles amavam
Perfeito do Indicativo	**Mais-que-perfeito do Indicativo**	**Futuro do Pretérito do Indicativo**
eu amei	eu amara	eu amaria
tu amaste	tu amaras	tu amarias
ele amou	ele amara	ele amaria
nós amamos	nós amáramos	nós amaríamos
vós amastes	vós amáreis	vós amaríeis
eles amaram	eles amaram	eles amariam
Futuro do Presente do Indicativo	**Presente do Subjuntivo**	**Imperfeito do Subjuntivo**
eu amarei	que eu ame	se eu amasse
tu amarás	que tu ames	se tu amasses
ele amará	que ele ame	se ele amasse
nós amaremos	que nós amemos	se nós amássemos
vós amareis	que vós ameis	se vós amásseis
eles amarão	que eles amem	se eles amassem

Futuro do Subjuntivo	Imperativo Afirmativo	Imperativo Negativo
quando eu amar	ama tu	não ames tu
quando tu amares	ame ele	não ame ele
quando ele amar	amemos nós	não amemos nós
quando nós amarmos	amai vós	não ameis vós
quando vós amardes	amem eles	não amem eles
quando eles amarem		

Verbo bater

Formas Nominais	Presente do Indicativo	Imperfeito do Indicativo
infinitivo: bater	eu bato	eu batia
gerúndio: batendo	tu bates	tu batias
particípio: batido	ele bate	ele batia
	nós batemos	nós batíamos
	vós bateis	vós batíeis
	eles batem	eles batiam
Perfeito do Indicativo	**Mais-que-perfeito do Indicativo**	**Futuro do Pretérito do Indicativo**
eu bati	eu batera	eu bateria
tu bateste	tu bateras	tu baterias
ele bateu	ele batera	ele bateria
nós batemos	nós batêramos	nós bateríamos
vós batestes	vós batêreis	vós bateríeis
eles bateram	eles bateram	eles bateriam

Futuro do Presente do Indicativo	Presente do Subjuntivo	Imperfeito do Subjuntivo
eu baterei	que eu bata	se eu batesse
tu baterás	que tu batas	se tu batesses
ele baterá	que ele bata	se ele batesse
nós bateremos	que nós batamos	se nós batêssemos
vós batereis	que vós batais	se vós batêsseis
eles baterão	que eles batam	se eles batessem
Futuro do Subjuntivo	**Imperativo Afirmativo**	**Imperativo Negativo**
quando eu bater	bate tu	não batas tu
quando tu bateres	bata ele	não bata ele
quando ele bater	batamos nós	não batamos nós
quando nós batermos	batei vós	não batais vós
quando vós baterdes	batam eles	não batam eles
quando eles baterem		

Verbo partir

Formas Nominais	Presente do Indicativo	Imperfeito do Indicativo
infinitivo: partir	eu parto	eu partia
gerúndio: partindo	tu partes	tu partias
particípio: partido	ele parte	ele partia
	nós partimos	nós partíamos
	vós partis	vós partíeis
	eles partem	eles partiam

Perfeito do Indicativo	Mais-que-perfeito do Indicativo	Futuro do Pretérito do Indicativo
eu parti	eu partira	eu partiria
tu partiste	tu partiras	tu partirias
ele partiu	ele partira	ele partiria
nós partimos	nós partíramos	nós partiríamos
vós partistes	vós partíreis	vós partiríeis
eles partiram	eles partiram	eles partiriam
Futuro do Presente do Indicativo	**Presente do Subjuntivo**	**Imperfeito do Subjuntivo**
eu partirei	que eu parta	se eu partisse
tu partirás	que tu partas	se tu partisses
ele partirá	que ele parta	se ele partisse
nós partiremos	que nós partamos	se nós partíssemos
vós partireis	que vós partais	se vós partísseis
eles partirão	que eles partam	se eles partissem
Futuro do Subjuntivo	**Imperativo Afirmativo**	**Imperativo Negativo**
quando eu partir	parte tu	não partas tu
quando tu partires	parta ele	não parta ele
quando ele partir	partamos nós	não partamos nós
quando nós partirmos	parti vós	não partais vós
quando vós partirdes	partam eles	não partam eles
quando eles partirem		

8. VERBOS IRREGULARES

Odiar: verbo irregular da 1ª conjugação.

Dizer: verbo irregular da 2ª conjugação.

Vir: verbo irregular da 3ª conjugação.

Verbo odiar

Formas Nominais
infinitivo: odiar
gerúndio: odiando
particípio: odiado

Presente do Indicativo	Imperfeito do Indicativo	Perfeito do Indicativo
eu odeio	eu odiava	eu odiei
tu odeias	tu odiavas	tu odiaste
ele odeia	ele odiava	ele odiou
nós odiamos	nós odiávamos	nós odiamos
vós odiais	vós odiáveis	vós odiastes
eles odeiam	eles odiavam	eles odiaram
Mais-que-perfeito do Indicativo	**Futuro do Pretérito do Indicativo**	**Futuro do Presente do Indicativo**
eu odiara	eu odiaria	eu odiarei
tu odiaras	tu odiarias	tu odiarás
ele odiara	ele odiaria	ele odiará
nós odiáramos	nós odiaríamos	nós odiaremos
vós odiáreis	vós odiaríeis	vós odiareis
eles odiaram	eles odiariam	eles odiarão

Presente do Subjuntivo	Imperfeito do Subjuntivo	Futuro do Subjuntivo
que eu odeie	se eu odiasse	quando eu odiar
que tu odeies	se tu odiasses	quando tu odiares
que ele odeie	se ele odiasse	quando ele odiar
que nós odiemos	se nós odiássemos	quando nós odiarmos
que vós odieis	se vós odiásseis	quando vós odiardes
que eles odeiem	se eles odiassem	quando eles odiarem

Imperativo Afirmativo	Imperativo Negativo	Infinitivo Pessoal
odeia tu	não odeies tu	por odiar eu
odeie ele	não odeie ele	por odiares tu
odiemos nós	não odiemos nós	por odiar ele
odiai vós	não odieis vós	por odiarmos nós
odeiem eles	não odeiem eles	por odiardes vós
		por odiarem eles

Verbo dizer

Formas Nominais
infinitivo: dizer
gerúndio: dizendo
particípio: dito

Presente do Indicativo	Imperfeito do Indicativo	Perfeito do Indicativo
eu digo	eu dizia	eu disse
tu dizes	tu dizias	tu disseste
ele diz	ele dizia	ele disse
nós dizemos	nós dizíamos	nós dissemos
vós dizeis	vós dizíeis	vós dissestes
eles dizem	eles diziam	eles disseram
Mais-que-perfeito do Indicativo	**Futuro do Pretérito do Indicativo**	**Futuro do Presente do Indicativo**
eu dissera	eu diria	eu direi
tu disseras	tu dirias	tu dirás
ele dissera	ele diria	ele dirá
nós disséramos	nós diríamos	nós diremos
vós disséreis	vós diríeis	vós direis
eles disseram	eles diriam	eles dirão
Presente do Subjuntivo	**Imperfeito do Subjuntivo**	**Futuro do Subjuntivo**
que eu diga	se eu dissesse	quando eu disser
que tu digas	se tu dissesses	quando tu disseres
que ele diga	se ele dissesse	quando ele disser

que nós digamos	se nós disséssemos	quando nós dissermos
que vós digais	se vós dissésseis	quando vós disserdes
que eles digam	se eles dissessem	quando eles disserem
Imperativo Afirmativo	**Imperativo Negativo**	**Infinitivo Pessoal**
dize tu	não digas tu	por dizer eu
diga ele	não diga ele	por dizeres tu
digamos nós	não digamos nós	por dizer ele
dizei vós	não digais vós	por dizermos nós
digam eles	não digam eles	por dizerdes vós
		por dizerem eles

Verbo vir

Formas Nominais		
infinitivo: vir		
gerúndio: vindo		
particípio: vindo		
Presente do Indicativo	**Imperfeito do Indicativo**	**Perfeito do Indicativo**
eu venho	eu vinha	eu vim
tu vens	tu vinhas	tu vieste
ele vem	ele vinha	ele veio
nós vimos	nós vínhamos	nós viemos
vós vindes	vós vínheis	vós viestes
eles vêm	eles vinham	eles vieram

Mais-que-perfeito do Indicativo	Futuro do Pretérito do Indicativo	Futuro do Presente do Indicativo
eu viera	eu viria	eu virei
tu vieras	tu virias	tu virás
ele viera	ele viria	ele virá
nós viéramos	nós viríamos	nós viremos
vós viéreis	vós viríeis	vós vireis
eles vieram	eles viriam	eles virão
Presente do Subjuntivo	**Imperfeito do Subjuntivo**	**Futuro do Subjuntivo**
que eu venha	se eu viesse	quando eu vier
que tu venham	se tu viesses	quando tu vieres
que ele venha	se ele viesse	quando ele vier
que nós venhamos	se nós viéssemos	quando nós viermos
que vós venhais	se vós viésseis	quando vós vierdes
que eles venham	se eles viessem	quando eles vierem
Imperativo Afirmativo	**Imperativo Negativo**	**Infinitivo Pessoal**
vem tu	não venhas tu	por vir eu
venha ele	não venha ele	por vires tu
venhamos nós	não venhamos nós	por vir ele
vinde vós	não venhais vós	por virmos nós
venham eles	não venham eles	por virdes vós
		por virem eles

OBSERVAÇÃO

O verbo "falir" não tem as pessoas em que o acento da voz recai no radical. Assim:

Presente do indicativo: eu..., tu..., ele...; nós falimos, vós falis, eles...

Como "falir" conjugam-se:

aguerrir, delinquir, empedernir, renhir

OBSERVAÇÃO

O verbo "precaver-se" não tem as pessoas em que o acento da voz recai no radical. Assim:

Presente do indicativo: eu..., tu..., ele...; nós nos precavemos; vós vos precaveis, eles...

OBSERVAÇÃO

O verbo "reaver" conjuga-se pelo verbo "haver", mas só tem as pessoas em que surge a letra "v" (do verbo "haver"). Assim:

presente do indicativo: eu... tu ... ele ...; nós reavemos, vós reaveis, eles...

OBSERVAÇÃO

O verbo "soer" (=acostumar) só é conjugado em certas formas.

Presente do indicativo: eu ... tu sois, ele sói; nós soemos, vós soeis, eles soem.

Pretérito imperfeito do indicativo: eu soía, tu soías, ele soía; nós soíamos, vós soíeis, eles soíam.

9. VERBOS ONOMATOPAICOS

OBSERVAÇÃO

Há verbos na língua portuguesa que imitam vozes de animais e geralmente são conjugados somente na 3ª pessoa do singular e do plural. Pode-se, em linguajar figurado, usar tais verbos unipessoais para outros seres que não animais, traduzindo intenção de ironizar ou de demonstrar afeto.

arensar:	cisne
arrulhar:	rola
atitar:	gavião
azoinar:	mosca, mosquito
azurrar:	burro
balar:	ovelha
balir:	v. balar
barrir:	elefante
berrar:	cabra
berregar:	v. berrar
blaterar:	camelo
bodejar:	bode
bramar:	leão
cacarejar:	galinha
cainhar:	v. latir
ciciar:	cigarra
coaxar:	rã, sapo
cocoricar:	galo
cricrilar:	grilo
crocitar:	corvo
ganir:	v. latir

gazear:	andorinha
gloterar:	cegonha
grasnar:	gralha
grugulejar:	peru
guinchar:	macaco
ladrar:	v. latir
latir:	cão
miar:	gato
mugir:	boi
ornear:	v. azurrar
ornejar:	v. azurrar
palrear:	papagaio, arara
pupilar:	pavão
regougar:	raposa
relinchar:	v. rinchar
rinchar:	cavalo
ronronar:	v. miar
rosnar:	v. latir
turturinar:	v. arrulhar
sibilar:	v. silvar
silvar:	cobra
uivar:	lobo
ulular:	v. uivar
urrar:	v. bramar
zoar:	v. zumbir
zumbir:	v. azoinar
zunzunar:	v. azoinar
zurrar:	v. ornear

PARA EXERCITAR

1. Observe este poema de Décio Pignatari. Ele foi criado a partir de um slogan publicitário famoso. Identifique nele o modo e a pessoa verbal empregados:

beba coca cola
babe cola
beba coca
babe cola caco
caco
cola
c l o a c a

2. O poema abaixo de Mário Quintana foi escrito em 2ª pessoa. Como você escreveria o poema se o sujeito do primeiro verso fosse "você"?

BILHETE

Se tu me amas, ama-me baixinho
Não o grites de cima dos telhados
Deixa em paz os passarinhos
Deixa em paz a mim!
Se me queres,
enfim,
tem de ser bem devagarinho, Amada,
que a vida é breve, e o amor mais breve ainda...

(Mário Quintana)

3. (Unicamp/SP) A leitura atenta do poema de Mário Quintana transcrito a seguir permite que se identifiquem, de maneira clara, referências a dois momentos diferentes: o presente e o passado.

PESQUISA

Na gostosa penumbra da Biblioteca Municipal
leio velhos jornais
e
dos anúncios prescritos
das novidades caducas
dos poetas mortos há tanto tempo que parecem de novo estreantes
das ferocíssimas batalhas políticas do ano de 1910
– brotam como balões meus sábados azuis
as horas bebidas aos goles
(num copo azul)
e as ruas de poeira e sol onde bailam sozinhos
os meus sapatos de colegial.

(Mário Quintana. *Porta Giratória*. São Paulo: Globo, 1997)

a) Transcreva palavras e expressões do poema que remetem a esses dois momentos.
b) Como se explica que, no poema, formas verbais no presente possam fazer referência tanto ao tempo presente quanto ao tempo passado?

UNIDADE IX

ADVÉRBIO

1. Classificação:
   a. advérbio de lugar
   b. advérbio de tempo
   c. advérbio de modo
   d. advérbio de negação
   e. advérbio de dúvida
   f. advérbio de intensidade
   g. advérbio de afirmação
2. Locução adverbial

ADVÉRBIO

Advérbio é uma palavra que modifica o sentido de um verbo, de um adjetivo ou de outro advérbio, exprimindo diversas circunstâncias.

1. Classificação

Conforme as circunstâncias que exprimem, os advérbios classificam-se em:

Circunstância	Advérbio
Tempo	Ontem, hoje, amanhã, breve, logo, antes, depois, agora, já, sempre, nunca, jamais, cedo, tarde, outrora, ainda, antigamente, novamente, brevemente, raramente.
Lugar	Aqui, ali, aí, cá, lá, acolá, atrás, perto, longe, acima, abaixo, adiante, dentro, fora, além.
Modo	Bem, mal, assim, depressa, calmamente, suavemente, alegremente.
Afirmação	Sim, deverás, certamente, realmente, efetivamente.
Negação	Não, tampouco.
Dúvida	Talvez, quiçá, acaso, decerto, porventura, provavelmente, possivelmente.
Intensidade	Muito, pouco, bastante, mais, menos, demais, tão, tanto, meio

2. Locução adverbial

Há certas expressões que desempenham o mesmo valor de um advérbio, e são empregadas como advérbios. Essas expressões chamam-se ***locuções adverbiais***.

Exemplos:

à direita
de vez em quando
em frente
às pressas
à noite
de longe
de repente
em cima
de manhã
em breve
às claras
a tempo
ao lado
às avessas
à tarde
de cima
às vezes
ao acaso
de fora
à toa
às cócoras
a granel

PARA EXERCITAR

Questões de vestibular

1. (FEI/SP) Substitua a expressão destacada por um advérbio de significação equivalente:

a) Recebeu a repreensão sem dizer palavras.
b) Falava sempre no mesmo tom.
c) Aceitou tudo sem se revoltar.
d) Trataram-me como irmão.

2. (UNIRIO/RJ) Assinale a frase em que as palavras sublinhadas correspondem, pela ordem, a substantivo, adjetivo, advérbio:

a) Feliz a nação que emprega bastantes recursos na educação.
b) As escolas organizadas fazem um extraordinário bem à educação.
c) O governo que acultura seu povo passa à história.
d) Educação e cultura fazem forte um país bem promissor.
e) A preparação da juventude forja o amanhã de um país.

3. (UNIMEP/SP) "Ela está meio velho". Na frase, a palavra meio:

a) deve vir acompanhada de um hífen, como em meio-dia.
b) Deveria estar na forma feminina, para concordar com velha.
c) É um advérbio, modificando o adjetivo velha.
d) É um advérbio, modificando o verbo está.
e) É um adjetivo, modificando o substantivo velha.

4. (U.E. PONTA GROSSA/PR) Marque a alternativa na qual a palavra *que* é advérbio de intensidade.

a) Se eu tiver que ajudar-te, alegrar-me-ei.
b) Que importa a opinião deles?
c) O professor resolveu o que pediram.
d) Que feliz serei, se vieres.
e) Esperamos que os dias melhorem.

5. (U.E. PONTA GROSSA/PR) A frase em que o advérbio expressa simultaneamente ideias de tempo e negação é:

a) Falei ontem com os embaixadores.
b) Não me pergunte as razões da minha atitude.
c) Eles sempre chegam atrasados.
d) Eu jamais acreditei que você viesse.
e) Agora seremos felizes.

6. (FAMECa/SP) O adjetivo está empregado na função de advérbio em:

a) Acesa a luz, viu claro os gestos furtivos do animal.
b) A lamparina tornou claros os degraus da escada.
c) Reservou para o céu em azul bem claro.
d) Subitamente, um claro ofuscou-lhe a vista.
e) Não gostava das cores muito claras.

7. (UFV/MG) Em todas as alternativas há dois advérbios, exceto em:

a) Ele permaneceu muito calado.
b) Amanhã, não iremos ao cinema.

c) O menino, ontem, cantou desafinadamente.
d) Tranquilamente, realizou-se, hoje, o jogo.
e) Ele falou calma e sabiamente.

8. (UFC/CE) A opção em que há um advérbio exprimindo circunstância de tempo é:

a) Possivelmente viajarei para São Paulo.
b) Maria tinha aproximadamente 15 anos.
c) As tarefas foram executadas concomitantemente.
d) Os resultados chegaram demasiadamente atrasados.

9. (FUVEST/SP) Na passagem: "... um homem rico como Clemente Chapadense e sua viúva apresentando a inventário tão-somente a casinha do povoado: classifique, sob o ponto de vista da classe gramatical, a expressão destacada.

UNIDADE X

PREPOSIÇÃO

1. Classificação:
   a. essencial
   b. acidental
2. Combinação
3. Contração
4. Locução prepositiva

PREPOSIÇÃO

Preposição é uma palavra invariável que liga duas palavras ou expressões dando relações ou circunstâncias. Ela estabelece entre o antecedente e o consequente ou regido uma relação.

Exemplo: Viajou **para** São Paulo (Viajou: termo antecedente; São Paulo: termo consequente; para: preposição).

1. Classificação

A preposição classifica-se em ***essencial*** e ***acidental***.

a. preposições essenciais

Chama-se ***essencial*** a preposição que funciona tão-somente como preposição:

a, ante, após, até, com, contra, de, em, entre, para, por, sob, sobre.

b. preposições acidentais

Chama-se ***acidental*** a preposição que, às vezes, exerce a função de preposição: como, conforme, consoante, durante, fora, mediante, segundo.

2. Combinação

As preposições que combinam são:

a — *a* + *o* = ao;
a + os = aos;
a + onde = aonde;
em — em + o = no;
em + a = na;
em + ele = nele;
em + ela = nela;
em + aquele = naquele;
em + um = num;
de — de + o = do;
de + a= da;
de + ele = dele;
de + ela = dela;
de + aquele = daquele;

de + um = dum;
per — per + o = pelo;
per + a = pela.

3. Contração

A preposição "a" contrai-se:
a — a + a = à;
a + as = às;
a + aquele = àquele;
a + aquela = àquela;
a + aquilo = àquilo.

4. Locução prepositiva

Locução prepositiva é a união de duas ou mais palavras que equivalem a uma preposição.

Exemplos:

acerca de	acima de	a fim de
ao invés de	ao lado de	a par de
dentro de	através de	apesar de
depois de	devido a	em frente a
em vez de	junto de	perto de
referente a		

UNIDADE XI

CONJUNÇÃO

1. **Classificação:**
   a. **coordenativas:**
      - aditivas
      - adversativas
      - alternativas
      - conclusivas
      - explicativas

   b. **subordinativas:**
      - integrantes
      - causais
      - comparativas
      - concessivas
      - condicionais
      - finais
      - temporais
      - proporcionais
      - conformativas

2. **Locução conjuntiva**

CONJUNÇÃO

Conjunção é uma palavra invariável que liga duas orações.

1. Classificação

As conjunções classificam-se em ***coordenativas*** e ***subordinativas.***

a. conjunções coordenativas.

Essas conjunções servem para ligar orações do mesmo valor sintático, dando-lhes ideia de coordenação, isto é, da mesma natureza e função.

As conjunções coordenativas podem ser:

- ***aditivas.*** *(ideia de adição):* Servem para ligar orações sem alterar-lhes a ideia particular.

  Exemplos:
  e — O bom aluno estuda *e* brinca em horas certas.
  nem = Não comer *nem* beber.

- ***adversativas.*** *(ideias contrárias, de oposição)***:** Servem para exprimir sentimentos ou pensamentos opostos.

  Exemplos:
  mas = Ele foi, *mas* a menina ficou.
  porém = O rapaz estuda, *porém* pouco aprende.
  contudo = O rapaz estuda, *contudo* pouco aprende.
  todavia = O meu clube jogou bem, *todavia* não fez gol.

- ***alternativas.*** *(ideia de alternância)***:** Servem para ligar orações cujos pensamentos se excluem.

  Exemplos:
  Viajar **ou** ficar.
  ora... ora = *Ora* vai uma pomba, *ora* vão outras.
  quer... quer = *Quer* critiquem, *quer* elogiem, tomarei atitude.

- ***conclusivas.*** *(conclusão)***:** Servem para indicar uma conclusão da oração anterior.

  Exemplos:
  portanto = Dinheiro não tinha, não podia, *portanto,* dá-lo.
  logo = Penso, *logo* existo.
  por conseguinte = Ela sofre muito, *por conseguinte* terá perdão.

- ***explicativas.*** *(motivo ou razão)***:** Servem para desenvolver ou exprimir orações de que se aproximam.

  Exemplos:

  que = Em mim descansava, *que* filho lhe sou.
  pois = Não te queixes, *pois* de nada adiantarão tuas queixas.
  porque = Em mim se apoiava, *porque* filho lhe sou.

b. conjunções subordinativas.

Essas conjunções servem para ligar orações, dando-lhes ideia de subordinação, isto é, de dependência.

As conjunções subordinativas podem ser:

- ***integrantes***. Servem para iniciar uma oração que exerce a função de um substantivo.

  Exemplos:

  que = *É* necessário *que* haja compreensão.
  se = *O* pai perguntou aos filhos *se* todos haviam almoçado.

- ***causais.*** Servem para exprimir a causa, isto é, o motivo do pensamento expresso pela oração a que se liga.

  Exemplos:

  porque = Faltou à reunião, *porque* estava doente.
  visto que = Ele veio para São Paulo, *visto que* a situação piorou.
  já que = Venha, *já que* precisamos de você.
  como = *Como* fosse feriado, não houve aula.

- ***comparativas.*** Servem para exprimir ideia de comparação entre dois elementos de orações diferentes.

  Exemplos:

  (do) *que* = Este quadro é melhor do *que* aquele.
  como = A criança é linda *como* a flor.
  qual = Lutou *qual* um leão.
  (mais) *que* = A irmã é mais estudiosa *que o* irmão.
  (menos) *que* = *O* irmão é menos estudioso *que* a irmã.

- ***concessivas.*** Servem para exprimir ideia de concessão, permissão, consentimento ou hipótese ao modificar a outra oração anterior.

  Exemplos:

  embora = Ela sorri *embora* sofra muito.
  antes que = Mudou-se *antes que* tivesse licença.
  conquanto = Foi trabalhar *conquanto* estivesse com dores.
  se bem que = Foi-se *se bem que* não necessitasse.

- ***condicionais.*** Servem para exprimir a condição do pensamento expresso.

  Exemplos:

  se = *Se* não chover, irei ao encontro.
  desde que = O amor é grandioso *desde que* lhe demos respeito.
  caso = *Caso* possas, procura-me amanhã.

- ***consecutivas.*** Servem para exprimir ideia de consequência.

  Exemplos:

  que (precedido de *tal)* — Tal foi a sucesso *que* a todos causou admiração.
  tanto = Tanto insistiram no pedido *que* conseguiram.
  tão = Tão nervoso estava *que* desmaiou.
  tamanho = O esforço foi tamanho *que* conseguiu o 1º lugar.

- ***finais***. Servem para exprimir circunstâncias de fim.

  Exemplos:

  para que = A vida é luta *para que* melhor possamos viver.
  a fim de que = Tenham perseverança, *a fim de que* vençam.

- ***temporais.*** Servem para exprimir ideia de tempo.

  Exemplos:

  quando = Traga-me uma lembrança, *quando* for a Recife.
  logo que = *Logo que* passou a chuva, saiu de casa.
  enquanto = Às vezes a alma descansa, *enquanto* o corpo caminha.
  depois que = *Depois que* chorou, sentiu-se aliviada.

- ***proporcionais.*** Servem para indicar aumento ou diminuição que se faz paralelamente no mesmo sentido ou em sentido contrário.

  Exemplos:

  à medida que = *À medida que os* bombeiros agiam, o fogo ia cedendo.

  à proporção que = Muitos estudam *à proporção que* as dificuldades surgem.

- ***conformativas.*** Servem para exprimir ideia de conformidade.

  Exemplos:

  como = Ela executou a tarefa *como o* chefe mandou.
  conforme = *Fiz conforme* me ensinaram.
  segundo = *Segundo* a opinião geral você é mentirosa.

2. *Locução conjuntiva*

Locução conjuntiva são duas ou mais palavras que têm o valor de uma conjunção.

Exemplos:

todas as vezes que   uma vez que   a fim de que
apesar de que   ainda que   logo que, etc.

! OBSERVAÇÃO

Conectivo *é* uma palavra que liga orações ou termos da oração. Os conectivos são muito importantes para uma boa análise sintática do período: são as conjunções e os pronomes relativos. As conjunções coordenativas são conectivos coordenativos; as conjunções subordinativas são conectivos subordinativos; os pronomes relativos são conectivos subordinativos.

PARA EXERCITAR

Questões de vestibular

1. (FUVEST/SP) "Bem cuidado como é." O livro apresenta alguns defeitos. Começando com "o livro apresenta alguns defeitos", o sentido da frase não será alterado se continuar com:

a) desde que bem cuidado
b) contanto que bem cuidado
c) à medida que bem cuidado
d) tanto que bem cuidado
e) ainda que bem cuidado

2. (FUVEST/SP) "Uma forte massa de ar polar veio junto com a frente fria e causou acentuada queda da temperatura. As lavouras de trigo da Região Sul foram danificadas. Isso, associado ao longo período com registro de pouca chuva, deve reduzir o potencial produtivo da cultura." (Adaptado de O Estado de S. Paulo, 4 ago. 1993.Suplemento Agrícola)

Reescreva o texto abaixo, reunindo em um só, composto por subordinação, os três períodos que o compõem,mantendo as relações lógicas existentes entre eles e fazendo as adaptações necessárias.

3. (CESGRANRIO/RJ) Assinale o período em que ocorre a mesma relação significativa indicada pelos termos destacados em "A atividade científica é tão natural quanto qualquer outra atividade econômica".

a) Ele era tão aplicado, que em pouco tempo foi promovido.
b) Quanto mais estuda, menos aprende.
c) Tenho tudo quanto quero.
d) Sabia a lição tão bem quanto eu.
e) Todos estavam exaustos, tanto que se recolheram logo.

4. (UM/SP) Embora todas as conjunções sejam aditivas, uma das orações abaixo apresenta ideia de adversidade:

a) Não achou os documentos e nem as fotocópias.
b) Queria estar atento à palestra e o sono chegou.
c) Não só aprecio Medicina como também a Odontologia.
d) Escutei o réu e lhe dei razão.
e) Não só escutei o réu mas também lhe dei razão.

(FUVEST/SP) Texto para as questões 5 e 6:

"Algum tempo hesitei se devia abrir estas memórias pelo princípio ou pelo fim, isto é, se poria em primeiro lugar o meu nascimento ou a minha morte. Suposto o uso vulgar seja começar pelo nascimento, duas coisas me levarama adotar diferente método: a primeira é que eu não sou propriamente um autor defunto, mas um defunto autor,para quem a campa foi outro berço; a segunda é que o escrito ficaria assim mais galante e mais novo. Moisés,que também contou a sua morte, não a pôs no introito, mas no cabo: a diferença radical entre este livro e o Pentateuco."

(Machado de Assis,
Memórias Póstumas de Brás Cubas)

5. Assinale a alternativa que apresenta só palavras relacionais retiradas do texto.

a) uso, seja, algum, para, mas
b) e, eu, entre, este, em
c) em, para, ou, mas, entre
d) berço, nascimento, campa, princípio, fim
e) vulgar, diferente, galante, novo, radical

6. "... levaram-me a adotar..."

"... a sua morte..."

"... não a pôs..."

As três ocorrências do a são, respectivamente:

a) preposição, pronome, preposição
b) pronome, artigo, pronome, preposição
c) pronome, artigo, pronome
d) preposição, artigo, pronome
e) artigo, artigo, preposição
f) artigo, pronome, pronome

7. (UM/SP) assinale a alternativa em que a palavra "como" assume valor de conjunção subordinativa conformativa.

a) Como ele mesmo afirmou, viveu sempre tropeçando nos embrulhos da vida.
b) Como não tivesse condições necessárias para competir, participou, com muita insegurança, das atividades esportivas.
c) As frustrações caminham rápidas como as tempestades das matas devastadoras.
d) Indaguei-lhe apreensiva como papai tinha assumido aquela contínua postura de contemplação.
e) Como as leis eram taxativas naquele vilarejo, todos os moradores tentavam um meio de obediência às normas morais.

UNIDADE XII

INTERJEIÇÃO

1. Classificação
2. Locução interjetiva

INTERJEIÇÃO

Interjeição é uma palavra invariável que exprime emoções, sensações, sentimentos. É através da interjeição que nós sintetizamos um pensamento. É ela que exprime os nossos sentimentos espontâneos e repentinos de alegria, de dor, de desejo, etc.

1. Classificação

As interjeições classificam-se, conforme os sentimentos que exprimem. Elas podem exprimir sentimentos de:

admiração:	puxa! oh! céus!
advertência:	cuidado!
	perigo! atenção!
alegria:	ah! oba! viva!
alívio:	ufa! arre! viva!
animação:	eia! sus! coragem! avante!
apelo:	alô! ó! psiu!
aplauso:	bravo! ótimo! bis!
atenção:	alerta!
aversão:	chi! arre! arre! irra!
cessação:	basta!
chamamento:	alô! ó! psiu!
desejo:	oxalá! tomara!
dor:	oh! ui! ai!
dúvida:	hum! hein?!
espanto:	uai!
impaciência:	arre!
repulsa:	fora! abaixo!
saudação:	salve! ave! olá!
silêncio:	psiu!

2. Locução interjetiva

Duas ou mais palavras com o valor de uma interjeição chamam-se **locuções interjetivas**.

Exemplos:

Ai de mim!	Meu Deus!	Alto lá!
Muito bem!	Que horror!	Bem feito!

UNIDADE XIII

CONECTIVOS

1. Conectivos coordenativos
2. Conectivos subordinativos

CONECTIVOS

Conectivo *é* uma palavra que serve para ligar orações. Os conectivos dividem-se em ***coordenativos*** e ***subordinativos.***

1. ***Conectivos coordenativos*** *são* as conjunções coordenativas e que servem para ligar orações da mesma natureza.

- ***Aditivas***: e, nem, também
- ***Adversativas:*** mas, porém, todavia, contudo, entretanto
- ***Alternativas***: ou, ou... ou, ora... ora, já... já, quer... quer, seja... seja
- ***Conclusivas***: logo, portanto, por conseguinte, pois, então
  - Maria chegou *e* saiu.
  - Nada entendeu, pois não via *nem* ouvia.
  - José obteve sucesso, *também* eu posso obter.
  - Ele vai, *mas* não volta.
  - Abel é inteligente, *porém* vadio.
  - Helena trabalha muito, *todavia* não lhe dão valor.
  - Maria é estudiosa, *contudo* manhosa.
  - Mário disse muitas verdades, *entretanto* poucos nele acreditaram.
  - Em tudo vê *ou* põe obstáculos.
  - *Ou* estudo, *ou* brinco.
  - Já com sol, *já* com chuva, irei viajar.
  - *Quer* queira, *quer* não queira, tudo está perdido.
  - *Seja* este, *seja* aquele, tudo sairá bem.
  - Penso, *logo* existo.
  - És fraco e doente; acautela-te, *portanto.*
  - Planto, *por conseguinte* colherei.
  - Morreu em graça de Deus; está, *pois*, no céu.
  - José estudou; *então* passará.

- ***Explicativas***: pois, que, porque, porquanto
  - Acautela-te, *pois* o terreno é perigoso.
  - Acautela-te, *que o* terreno é baldio.
  - Acautela-te, *porque o* terreno é sujo.
  - Não pôde escrever, *porquanto* não lhe deram o endereço.

2. ***Conectivos subordinativos*** *são as* conjunções subordinativas e os pronomes relativos.

- ***Integrantes:*** que, se.
- ***Causais***: porque, visto que, pois que, já que, uma vez que, que.
- ***Comparativas***: como, (tal) qual, (mais) que, (menos) que, do que.
- ***Concessivas:*** embora, conquanto, se bem que, mesmo que, por que, ainda que, por menos que.
- ***Condicionais***: se, caso, contanto que, desde que, sem que, uma vez que.
- ***Consecutivas***: (tão)..., que, (tal) que..., (tanto) que..., (tamanho) que..., de modo que, de forma que.
- ***Finais***: a fim de que, para que, que.
- ***Temporais***: quando, enquanto, mal, logo que, assim que, sempre que, apenas, depois que.
- ***Proporcionais***: à proporção que, à medida que, tanto mais...quanto mais, tanto mais... quanto menos, tanto menos... quanto menos.
- ***Conformativas***: conforme, como, consoante, segundo.

GRAMÁTICA

TERCEIRA PARTE

SINTAXE

UNIDADE XIV

CONCORDÂNCIA

1. Concordância nominal
2. Concordância verbal

CONCORDÂNCIA

Quando falamos em concordância, o verbo "concordar" nos vem à mente, ou seja, ter um acordo estabelecido. Em gramática, essa concordância diz respeito ao acordo entre verbo e sujeito,z em número e pessoa (concordância verbal) e de um adjetivo concordar em gênero e número com o substantivo ao qual se refere (concordância nominal). Existem regras gerais e casos especiais como veremos abaixo:

1. Concordância nominal

a. do adjetivo com o substantivo

- O adjetivo concorda com o substantivo em gênero e número.

  Exemplos:
  aluno estudioso; aluna estudiosa.
  alunos estudiosos; alunas estudiosas.

- Quando o adjetivo vem depois de dois ou mais substantivos de gêneros diferentes, vai para o masculino plural ou concorda com o substantivo mais próximo.

  Exemplos:
  mão e nariz compridos.
  mão e nariz comprido.

No caso de substantivos do mesmo gênero, o adjetivo vai para o plural ou concorda com o substantivo mais próximo.

Exemplos:
face e boca lindas.
face e boca linda.

- Quando um adjetivo vem anteposto a vários substantivos, normalmente concorda com o mais próximo.

  Exemplos:
  Provei deliciosa torta e pavê.
  Provei delicioso pavê e torta.

b. do predicativo

- Quando o adjetivo funciona como predicativo, obrigatoriamente vai para o plural.

Exemplo:
O pai e o filho estavam cansados.
A mãe e a filha estavam cansadas.

- Quando o adjetivo anteposto funciona como predicativo, concorda com o mais próximo ou vai para o plural.

Exemplos:
Estavam cansados mãe e filho.
Estava cansada mãe e filho.

c. Um substantivo e mais de um adjetivo

- Quando um substantivo está ligado a dois adjetivos e apenas o primeiro adjetivo está precedido de artigo, o substantivo fica no plural.

Exemplo:
Márcia fala fluentemente as línguas inglesa e espanhola.

- Caso os dois adjetivos estejam acompanhados de um artigo, o substantivo fica no singular.

Exemplo:
Márcia fala a língua inglesa e francesa

d. Pronomes de tratamento

- Sempre concordam com a 3ª pessoa.

Vossa santidade esteve no Brasil.

e. Anexo, incluso, próprio, obrigado

- Concordam com o substantivo a que se referem.

Os formulários estão anexos.
O refrigerante está incluso.
Obrigado, disse o rapaz. Ele próprio resolveu o problema.

f. Um(a) e outro(a), num(a) e noutro(a)

- Após essas expressões o substantivo fica sempre no singular e o adjetivo no plural.

Bárbara advogou um e outro caso fáceis.
Pusemos numa e noutra bandeja rasas o assado.

g. É bom, é necessário, é proibido

- Essas expressões não variam se o sujeito não vier precedido de artigo ou outro determinante.

  Limonada é bom. / A limonada é boa.

  É necessário sua confirmação. / É necessária a sua confirmação.

  É proibido entrada de pessoas não autorizadas. / A entrada é proibida./ É proibida a entrada de pessoas não autorizadas.

h. Muito, pouco, caro

- Como adjetivos, seguem a regra geral.

  Corri muitas léguas durante a viagem.

  Pouco sal é suficiente para mim.

  Os produtos estavam caros.

- Como advérbios: são invariáveis.

  Corri muito durante a viagem.

  Pouco batalhei, por isso desisti.

  Comprei caro os sapatos.

i. Mesmo, bastante

- Como advérbios, ficam invariáveis.

  Preciso mesmo daquele emprego.

  Fiquei bastante contente com a proposta de emprego.

- Como pronomes, seguem a regra geral.

  Seus argumentos foram bastantes para me persuadir.

  Os mesmos argumentos foram usados no tribunal.

j. Menos, alerta

- Em todas os casos são invariáveis.

  Há menos pessoas na sala de aula hoje.

  Fiquem alerta .

k. Tal Qual

- “Tal” concorda com o antecedente, “qual” concorda com o consequente.

Os sobrinhos são espertos tais qual o tio.
Os pais vieram vestidos tais quais os filhos.

l. Possível

- Quando vem acompanhado de "mais", "menos", "melhor" ou "pior", acompanha o artigo que precede as expressões.
  A mais possível das ideias é a que você declarou.
  Os melhores cargos possíveis estão reservados.
  As piores situações possíveis são encontradas nas favelas.

m. Meio

- Como advérbio, fica invariável.
  Estou meio ansiosa.
- Como numeral, segue a regra geral.
  Comi meia fatia do pão.

n. Só

- Como adjetivo, é variável.
  Viajaram sós durante horas.

2. Concordância verbal

Regra geral

- O verbo concorda com o sujeito em número e pessoa.
  Exemplos:
  Ele tem muitas virtudes.
  Nós participamos de um protesto.
- O sujeito composto leva o verbo para o plural.
  Exemplo:
  Pedro e Paula foram à praia.

Casos especiais

- O verbo concorda com o plural da pessoa que tem primazia, quando o sujeito é formado de diferentes pessoas gramaticais. Assim: Ex: *Tu (2ª pessoa) e ele (3ª pessoa) vos tornareis (2ª pessoa do plural) amigos.*

O verbo ficou na 2ª pessoa porque esta tem prioridade sob a 3ª.

1ª, 2ª e 3ª = 1ª pl. = nós

1ª e 2ª = 1ª pl. = nós

1ª e 3ª = 1ª pl. = nós.

Exemplo:

Eu (1ª pessoa) e ele (3ª pessoa) nos tornamos (1ª pessoa plural)inimigos. O verbo ficou na 1ª pessoa porque esta tem prioridade sob a 3ª. 2ª e 3ª = 2ª pl. = vós. **Exemplo:** *Tu (2ª pessoa) e ele (3ª pessoa) vos tornareis (2ª pessoa do plural) amigos.* O verbo ficou na 2ª pessoa porque esta tem prioridade sob a 3ª.

- Quando o sujeito composto se pospõe ao verbo, pode este ficar no singular. Tratando-se de nomes próprios, é melhor o plural.

Exemplos:

Desaparecerá a vaidade e o egoísmo.

Desapareceram Manuel Bandeira e Guimarães Rosa.

- A oração subjetiva (sujeito oracional) deixa o verbo no singular.

Exemplos:

Convém que sejamos honestos.

Urge que faças o bem.

- Sujeitos ligados pelas alternativas "ou", "nem" levam o verbo para o singular, se as alternativas indicarem exclusão. Quando, porém, os sujeitos são de pessoas diferentes, o verbo pode concordar com o mais próximo.

Exemplos:

O genro ou a sogra estará em condições de partir.

Não viajaram eles nem eu.

- O pronome "quem" leva o verbo para a 3ª pessoa do singular. Quando o sujeito for o pronome "que", o verbo concorda com o seu antecedente, isto é, com a palavra a que se refere.

Exemplos:

Foste tu quem me procurou?

Foste tu que me procuraste?

- Com nomes próprios no plural, acompanhados de artigo, usa-se o verbo no plural. Se não houver o artigo, o verbo ficará no singular.

  Exemplos:

  Os Estados Unidos são um belo país da América do Norte.
  Minas Gerais é um estado da região sudeste do Brasil.
  Os Andes ficam no Chile.

- Quando o sujeito é um pronome indefinido no plural, acompanhado dos complementos "de nós" ou "de vós", o verbo concordará com estes pronomes.

  Quantos de nós deixamos de apontar os defeitos alheios?
  Quais de vós ireis representar a nossa turma?

- Quando o sujeito é representado pela expressão "um(a) dos(das) que", pode-se usar tanto o singular quanto o plural. Mas há uma preferência pelo singular.

  Exemplo:

  Sou um dos que acreditam no "contrato de risco".
  Ana é uma das que mais se aplica em Matemática. (destaca-se a pessoa do grupo)

- Quando o sujeito é representado por um coletivo, o verbo fica no singular.

  Exemplo:

  A multidão reuniu-se na praça para ver o desfile passar.

- Quando, porém, o sujeito é representado por expressões como: a maior parte, a maioria, grande número, etc., acompanhadas de adjuntos no plural, o verbo ficará no singular ou irá para o plural.

  Exemplo:

  A maior parte dos jovens brasileiros crê (ou creem) na sua capacidade criadora.

- O verbo permanece no singular quando constitui um predicado expresso por "é muito", "é pouco", "é suficiente".

  Exemplos:

  Dez mil cruzeiros é pouco.
  Vinte mil soldados é suficiente.

- O verbo permanece no singular quando o sujeito composto exprime uma graduação ou enumeração terminada por "tudo", "nada", "ninguém", "nenhum".

  Exemplos:
  Uma letra, uma sílaba, uma palavra satisfaz.
  O diretor, o gerente, o funcionário, ninguém soube explicar.

- Quando o sujeito é representado pelas expressões "mais de", "cerca de", "menos de", etc., o verbo concorda com o substantivo regido por estas expressões.

  Exemplos:
  Mais de um coração transplantado bate normalmente.
  Menos de quarenta homens seguiram em direção à mata.

- Quando o sujeito do verbo "ser" é representado pelos pronomes "isto", "isso", "aquilo", "tudo", e o predicativo é um substantivo no plural, o verbo concorda com o predicativo.

  Exemplos:
  Tudo são festas nesta casa.
  Tudo são esperanças vãs.
  Isto são ilusões.
  Aquilo são recordações de um passado longínquo.

! OBSERVAÇÃO

Em indicações de datas, são aceitas as duas concordâncias, pois subentende-se a palavra dia.

Exemplos:
Hoje são 23 de maio.
Hoje é (dia) 23 de maio.

- Os verbos "dar", "bater", "soar" concordam com o sujeito, quando indicam tempo.

  Exemplos:
  Deram dez batidas no relógio da torre.
  Bateram duas badaladas.
  Soaram doze pancadas.

- O verbo vai para a 3ª pessoa(do singular ou do plural) quando o sujeito é um pronome de tratamento.

  Exemplos:

  Vossa Senhoria é compreensivo.
  Vossas Altezas pediram silêncio.

- Quando os núcleos do sujeito são sinônimos (ou quase), o verbo poderá ficar no plural ou no singular.

  Exemplos:

  A angústia e ansiedade não a ajudavam a se empenhar.
  A angústia e ansiedade não a ajudava a se empenhar.

- Quando o sujeito for constituído pelas expressões: um e outro, nem um nem outro, o verbo poderá ficar no singular ou no plural.

  Exemplos:

  Um e outro já veio.
  Um e outro já vieram.

- Quando os núcleos do sujeito estiverem ligados por "ou" o verbo irá para o singular quando a ideia for de exclusão, e para o plural quando for de inclusão.

  Exemplos:

  Sérgio ou Tiago ganhará a corrida. (exclusão)
  A poluição sonora ou a poluição do ar são prejudiciais ao homem. (adição, inclusão)

- **Partícula "se":**

a. **Partícula apassivadora:** o verbo (transitivo direto) concordará com o sujeito passivo.

  Exemplos:

  Aluga-se casa./ Alugam-se casas.

b. **Índice de indeterminação do sujeito:** o verbo (transitivo indireto) ficará, obrigatoriamente, no singular.

  Exemplos:

  Precisa-se de pedreiros.
  Vive-se bem aqui.

- **Com verbos impessoais** (aqueles que não possuem sujeito), ficam sempre na 3ª pessoa do singular.

  Exemplos:

  Havia vários problemas naquele projeto.

  Fazia quinze anos que não a via.

  Deve haver uns 20 garotos fazendo arruaça.

  Vai fazer quinze anos que não a vejo.

- **Na expressão "é que" usada como expletivo, se o sujeito da oração não aparecer entre o verbo "ser" e o "que", ficará invariável. Se aparecer, o verbo concordará com o sujeito.**

  Exemplos:

  Elas é que fazem a vida ser mais divertida.

  São eles que sempre me deixam enfurecida.

UNIDADE XV

REGÊNCIA

1. Regência nominal
2. Regência verbal

REGÊNCIA

Damos o nome de **regência** à relação de subordinação que ocorre entre um verbo (ou um nome) e seus complementos. Pense numa orquestra, o maestro é o regente e os músicos são regidos ao comando do maestro. Todos precisam estar em harmonia para que haja o espetáculo. Pois quando tratamos de regência verbal, temos o verbo como termo regente e seus complementos(objetos) como termos regidos. Já na regência nominal, o termo regente é um nome (substantivos, adjetivos e advérbios) e os termos regidos por esse nome.

1. Regência nominal

Regência nominal é a influência que exercem os substantivos, adjetivos, ou advérbios, sobre os termos chamados regidos. Há complementos, através de preposições, que integram o sentido dos termos regentes. Por exemplo, as orações completivas nominais são regidas normalmente de preposição.

Exemplo:
Teve receio de que o infortúnio se agravasse.

Há nomes que admitem mais de uma construção.
Exemplos:
afável com = Foi sempre afável com os vizinhos.
afável para com = É afável para com todos.

amor ao = O mestre incutiu-lhe o amor ao estudo.
amor a = Tenhamos amor à Pátria.
amor por = Dedicou grande amor por coisas históricas.

análogo a = Foi análogo a todos.
análogo de = Fatos análogos daqueles tenho-os visto.

ansioso de = Gestos ansiosos de ver o resultado.
ansioso por = Mantinham-se ansiosos por saber o resultado.

antipatia a = Tive antipatia ao vizinho.
antipatia contra = A sua antipatia contra o vizinho era grande.
antipatia por = Era notória a sua antipatia por todos.

apto a = Está apto a prestar exames.
apto para = "Apto enfim para te servir e consolar".

atento a = "... ao meu amor serei atento."
ávido de = "Espírito amante do repouso e ávido de benquerença".

compatível com = "A lei declarava compatíveis as funções de deputado ou par do reino com o exercício de empregos administrativos"

comum a = A escada do prédio é comum a todos.
comum de = O trabalho é a lei comum dos homens.
desejoso de = Estava desejoso de abreviar a conferência.

digno de = Sempre foi digno de confiança.

fértil de = É um menino *fértil de* imaginação.
fértil em = O orador é *fértil em* argumentos.

fiel a = Devemos ser *fiéis às* tradições cristãs.

hostil a = É *hostil a* tudo.
hostil para = Demonstrou ser *hostil* até para com os superiores.
hostil com = Nos jogos demonstrava ser *hostil com* todos.

inconstante em = Até na velhice era *inconstante nas* decisões.

infiel a = Foi um indivíduo *infiel à* formação familiar.

prejudicial a = Dizem que o cigarro é *prejudicial à* saúde.

próximo a = Mantinha-se próximo *à* casa do inimigo.
próximo de = Prostrou-se próximo da capela.

responsável por = Foi o *responsável por* tudo.

sensível a = Demonstrava ser bastante *sensível a* certas insinuações.

2. Regência verbal

Os verbos ligam-se aos seus complementos ora com o auxílio de uma preposição, ora sem ela. Para tanto se faz necessário o conhecimento da classificação dos verbos que formam os predicados verbal e verbo-nominal.

Observe:

- *Intransitivo* (verbo que não precisa de complemento)

  Exemplo: *As estrelas brilham no céu.*
- *Transitivo direto* (verbo que pede complemento sem auxílio de preposição)

  Exemplo: *O rapaz atacou a senhora.*
- *Transitivo indireto* (verbo que pede complemento com auxílio de preposição)

  Exemplo: *Preciso de você.*
- *Transitivo direto e indireto* (verbo que pede dois complementos- um direto(sem preposição) e outro indireto (com preposição)

  Exemplo: *Dei o ramalhete à minha namorada.*

  Observe alguns verbos com suas regências:
- Chegar/ir – deve ser introduzido pela preposição **a** e não pela preposição **em**.

  Exemplos: ***Vamos ao*** *colégio.*/***Chegamos ao*** *aeroporto.*
- Morar/residir – normalmente vêm introduzidos pela preposição **em**.

  Exemplos: Ela **mora em** Salvador./Sérgio **reside em** Campos do Jordão.
- Namorar – não se usa com preposição.

  Exemplos: Ana **namora** Gustavo.
- Obedecer/desobedecer – exigem a preposição "a".

  Ex.: Os filhos **obedecem a**os pais./A criança **desobedeceu à** mãe.
- Simpatizar/antipatizar – exigem a preposição "com".

  Exemplos: Simpatizo com você./**Antipatizo com** minha vizinha.

- Preferir – este verbo exige dois complementos sendo que um usa-se sem preposição e o outro com a preposição "a".
  Exemplos: Prefiro valsa **a** bolero.

OBSERVAÇÃO

É errado usar este verbo reforçado pelas expressões ou palavras: antes, mais, muito mais, mil vezes mais, etc.

Exemplo:

Prefiro **mil vezes** valsa a fazer ginástica./ Prefiro **mais** ficar em casa **do que** sair

Verbos que apresentam mais de uma regência

Aspirar

- no sentido de cheirar, sorver: usa-se sem preposição.
  Ex.: **Aspirei um** aroma agradável.
- no sentido de almejar, pretender: exige a preposição "a".
  Ex.: Aspiro ao cargo de gerente.

Assistir

- no sentido de prestar assistência, ajudar, socorrer: usa-se sem preposição.
  Ex.: O médico **assistia** os doentes.
- no sentido de ver, presenciar: exige a preposição "a".
  Ex.: A**ssistimos ao** filme.
- no sentido de caber, pertencer: exige a preposição "a".
  Ex.: Esse direito **assiste a** ela.

Esquecer/lembrar

- Quando acompanhados de pronome oblíquo, são VTI. Quando desacompanhados, são VTD
  Ex.: **Esqueci** o caderno.(VTD)
  Lembrei-me **de** todos os detalhes.(VTI)

Visar

- no sentido de mirar: usa-se sem preposição.

  Ex.:**Visou** o alvo e acertou.
- no sentido de dar visto: usa-se sem preposição.

  Ex.: **Visaram** os cheques.
- no sentido de ter em vista, objetivar: é regido pela preposição "a".

  Ex.: **Visava ao** sucesso.

Querer

- no sentido de desejar: usa-se sem preposição. Ex.: Quero um vestido.
- no sentido de estimar, ter afeto: usa-se com a preposição a.

  Ex.: **Quero** muito **a**os familiares.

Pagar/perdoar

- Exigem preposição quando se referem a pessoa. Não admitem preposição quando se referem a coisa.

  Ex.: Ela **pagou** o imposto.

  Ela **pagou** o imposto **ao** credor.

  Perdoei o erro .

  Perdoei o erro **ao** João.

Informar

- no sentido de comunicar, avisar, dar informação, admite duas construções:
  - objeto direto de pessoa e indireto de coisa (regido pelas preposições "de" ou "sobre").

    Ex.: **Informou** os alunos **d**a suspensão.
  - objeto indireto de pessoa (regido pela preposição "a") e direto de coisa.

    Ex.: **Informou a**os alunos a suspensão.

Implicar

- no sentido de causar, acarretar: usa-se sem preposição.
  Ex.: Sua atitude **implicará** punição.
- no sentido de antipatizar: é regido pela preposição "com".
  Ex.: O guarda **implicou com** o motorista.

Custar

- no sentido de ser custoso, ser difícil: é regido pela preposição "a".
  Ex.: **Custou a** mim esquecer o trauma.
- no sentido de acarretar, exigir, obter por meio de: usa-se sem preposição.
  Ex.: A casa **custou**-me muito suor e trabalho.

PARA EXERCITAR

1. Leia o texto:

" O Programa Mulheres está mudando. Novo cenário, novos apresentadores, muito charme, mais informação, moda, comportamento e prestação de serviços. Assista a revista eletrônica feminina que é a referencia no gênero na TV."

O verbo assistir, empregado em linguagem coloquial, está em desacordo com a norma gramatical.

a) Escreva o último período de acordo a norma.

b) Justifique a correção.

2. (FATEC-SP) A regência verbal está conforme à gramática normativa na alternativa:

a) Quero-lhe muito bem e vou assistir a seu casamento.

b) Logo que lhe encontrar, aviso-lhe do ocorrido.

c) Juliano desobedecia seus pais, mas obedecia ao professor.

d) João namora com Maria mas prefere mais seus amigos de bar do que ela.

e) Ele esqueceu do compromisso e não pagou ao médico.

3. (UM-SP) A regência verbal está errada em:

a) Esqueceu-se do endereço.
b) Não simpatizei com ele.
c) O filme a que assistimos foi ótimo.
d) Faltou-me completar aquela página.
e) Aspiro um alto cargo.

UNIDADE XVI

COLOCAÇÃO

1. Sintaxe de colocação
   a. direta
   b. inversa
2. Colocação das palavras na oração
   a. do sujeito
   b. do verbo
   c. adjuntos adnominais
3. Colocação dos pronomes átonos
   a. próclise
   b. mesóclise
   c. ênclise
   d. casos especiais

COLOCAÇÃO

Colocação (construção ou ordem) é a disposição das palavras na oração, das orações no período, dos períodos no discurso.

1. Sintaxe de colocação

É o estudo da gramática que trata da disposição ou da verdadeira ordem das palavras, no conjunto em que se acham. Esta disposição ou ordem pode ser *direta* e *indireta*. *A* ***direta*** obedece à sequência das ideias; a ***inversa*** é mais para poesia e literatura, obedecendo à disposição sentimental.

a. ordem direta:

(a) sujeito; (b) verbo; (c) complemento

Exemplo:

O sucesso(a) depende(b) da constância.(c)

b. ordem inversa:

- verbo antes do sujeito
- complemento antes do verbo
- complemento antes do sujeito

Exemplo:

Ouviram do Ipiranga as margens plácidas
De um povo heroico o brado retumbante".

A ordem direta seria:

(a) As margens plácidas do Ipiranga
(b) ouviram
(c) o brado retumbante de um povo heroico.

2. Colocação das palavras na oração

a. colocação do sujeito.

O sujeito pode vir **anteposto** ou **posposto** ao verbo.
Geralmente, o sujeito vem no início de uma oração.

Exemplo:

O joão-de-barro *é o exemplo da operosidade.*

Há casos em que o sujeito posposto ao verbo encerra grande força de expressão.

Exemplo:

*Fizesse **eu** o desenho e nada aconteceria.*

O sujeito vem posposto nas orações intercaladas.

Exemplo: *"Se não credes no que eu narro, disse **o poeta,** se não credes por não ver..."*

O sujeito vem posposto ao verbo, para dar realce e ênfase ao predicado.

Exemplo: *Corajoso és **tu**, gritei **eu**, apontando-lhe o troféu conquistado.*

O sujeito vem posposto ao verbo nas orações interrogativas iniciadas por pronomes ou advérbios interrogativos (menos "quem" e "que").

Exemplos:

*Onde está **você**?*

*Como vai **você**?*

*Quanto custou **a viagem** de ida e volta?*

O sujeito vem posposto ao verbo nas orações reduzidas de particípio ou de gerúndio.

Exemplo:

*Terminada **a festa**, todos se retiraram.*

O sujeito vem posposto nas orações apassivadas com o pronome "se".

Exemplo: *Consertam-se **sapatos**.*

b. colocação do verbo.

Normalmente o verbo vem depois do sujeito.

Exemplo:

*O joão-de-barro **constrói** com funcionalidade.*

O verbo inicia uma oração quando o sujeito é indeterminado.

Exemplo: Dizem por aí tantas besteiras!

O verbo inicia orações que indicam tempo, peso, número, distância.

Exemplos: ***São*** *duas horas.* ***Faltam*** *dois quilos.* ***Faltam*** *dois quilômetros.* ***São*** *vinte e um de maio.*

c. colocação dos adjuntos adnominais

O **adjunto adnominal** vem antes do substantivo, quando representado por artigos.

Exemplo: ***O*** *joão-de-barro é* **o** *símbolo d**a** dedicação.*

O adjunto adnominal vem, geralmente, anteposto ao substantivo, quando representado por indefinidos, embora possa mudar de sentido, quando posposto.

Exemplos:

Qualquer homem/homem *qualquer*

Certa hora/hora *certa*

Todo o dia/o dia *todo*

O adjunto adnominal, quando representado por adjetivos, sofre alterações de acordo com a posição.

Exemplos:

Santo rapaz/rapaz *santo*

Pobre aluno/aluno *pobre*

Grande homem/homem *grande*

3. Colocação dos pronomes átonos

Leia os textos a seguir:

PAPOS

— Me disseram...

— Disseram-me.

— Hein?

— O correto é "disseram-me". Não "me disseram".

— Eu falo como quero. E te digo mais... Ou é "digo-te"? — O quê?

— Digo-te que você...

— O "te" e o "você" não combinam.

— Lhe digo?

— Também não. O que você ia me dizer?

— Que você está sendo grosseiro, pedante e chato.

E que eu vou te partir a cara. Lhe partir a cara. Partir a sua cara. Como é que se diz?

— Partir-te a cara.

— Pois é. Parti-la hei de, se você não parar de me corrigir. Ou corrigir-me.

— É para o seu bem.

— Dispenso as suas correções. Vê se esquece-me. Falo como bem entender. Mais uma correção e eu...

— O quê?

— O mato.

— Que mato?

— Mato-o. Mato-lhe. Mato você. Matar-lhe-ei-te. Ouviu bem?

— Pois esqueça-o e para-te. Pronome no lugar certo é elitismo!

— Se você prefere falar errado...

— Falo como todo mundo fala. O importante é me entenderem. Ou entenderem-me?

— No caso... não sei.

— Ah, não sabe? Não o sabes? Sabes-lo não?

— Esquece.

— Não. Como "esquece"? Você prefere falar errado? E o certo é "esquece" ou "esqueça"? Ilumine-me. Me diga. Ensines-lo-me, vamos.

— Depende.

— Depende. Perfeito. Não o sabes. Ensinar-me-lo-ias se o soubesses, mas não sabes-o.

— Está bem, está bem. Desculpe. Fale como quiser.

— Agradeço-lhe a permissão para falar errado que mas dás. Mas não posso mais dizer-lo-te o que dizer-te-ia.

— Por quê?

— Porque, com todo este papo, esqueci-lo.

Fonte: VERÍSSIMO, Luís Fernando. Comédias para se ler na escola. Rio de Janeiro: Objetiva, 2001. p.65.

PRONOMES

— Carlinhos, me faz um favor?

— Claro.

— Quando a gente estiver com a turma...

— O quê?

— Não fala certo de mais.

— O quê?

— É que a turma repara. Os pronomes, por exemplo. Você sempre coloca no lugar certo. Fica esquisito.

— Os pronomes? Não posso usá-los corretamente?

— Está vendo? Usar eles. Usar eles!

Carlinhos ficou tão confuso que, junto com a turma, não falou nem certo nem errado. Não falou nada. Até comentaram:

— Ó Carol, teu namorado é mudo?

Ele ia dizer «Não, é que, falando, fatalmente sentir-me ia vexado», mas se conteve a tempo. Depois, quando estavam sozinhos, a Carolina agradeceu, com aquela voz que ele gostava.

— Comigo você pode botar os pronomes onde quiser, Carlinhos.

Aquela voz de cobertura de caramelo. *

(VERISSIMO, Luís Fernando. Contos de verão. O Estado de S. Paulo, 16 jan. 2000)

O textos acima fazem referência a regras da gramática normativa para a colocação pronominal.

Os **pronomes átonos** podem ocupar, numa frase, três posições diferentes:

- antepostos ao verbo: **próclise**
- interpostos ao verbo: **mesóclise**
- pospostos ao verbo: **ênclise**

Pronomes antepostos ao verbo: próclise

Usa-se o pronome oblíquo átono *antes* do verbo nos seguintes casos:

- Palavras e expressões negativas, ou advérbios e locuções adverbiais.

  Exemplos:

  Não ***me*** *fales assim.*
  Ninguém ***se*** *importou comigo.*
  Muito ***se*** *tem falado sobre o caso.*
  Ali ***se*** *esconde um segredo.*
  Nunca ***o*** *vi mais gordo.*
  Aqui ***se*** *dá terra.*
  Talvez ***o*** *veja amanhã.*

- Pronomes relativos.

  Exemplos:

  Este livro é o que ***me*** *deram.*
  A alegria da qual ***se*** *diz...*
  Era tudo quanto ***lhe*** *havia dito.*
  O livro cujo autor ***te*** *conhece ...*

- Conjunções subordinativas e locuções conjuncionais.

  Exemplos:

  Embora ***me*** *culpem, sou inocente.*
  Ainda que ***o*** *atormentem, não desiste.*

- Pronomes indefinidos e demonstrativos.

  Exemplos:

  Tudo correu como ***se*** *esperava.*
  Quando ***se*** *paga uma dívida...*
  Tudo ***o*** *aborrecia na vida.*
  Isso ***me*** *alegra muito.*
  Algo ***se*** *passa com você.*

- Sujeito de orações optativas.

  Exemplos:

  Deus ***te*** *abençoe!*

  Bons olhos ***o*** *vejam!*

  Os raios ***te*** *partam!*

Pronomes interpostos ao verbo: mesóclise

- A mesóclise só é usada com verbo no futuro do presente ou do pretérito.

  *Querer-****lhe****-ei sempre bem.*

  *Pôr-****te****-ei a par de tudo.*

  *Recuperar-****se****-ão os documentos perdidos.*

OBSERVAÇÃO

É necessário que antes do verbo no futuro do presente ou do futuro do pretérito não haja palavras que exerçam atração.

Exemplo:

Não ***se*** *recuperarão os documentos perdidos.*

Pronomes pospostos ao verbo: ênclise

- Usa-se a ênclise quando o verbo inicia a oração.

  Exemplos: *Quero-****te*** *bem.*

  *Vive-****se*** *bem por aqui.*

  *Diga-****me*** *o nome do seu colega.*

  *Põe-****me*** *a par de tudo.*

- Nas orações imperativas.

  Exemplos:

  *Conte-****me*** *a sua aventura.*

  *Compre-****me*** *dois quilos de feijão.*

- Nas orações intercaladas.

  Exemplo:

  *O livro, digo-**lhe**, é fator preponderante da unidade nacional.*

Casos especiais

- Nas orações em que haja auxiliar infinitivo, o pronome pode vir antes ou depois do verbo auxiliar, ou depois do verbo principal.

  Exemplos:

  *Eu **lhe** vou pedir um favor.*
  *Vou **lhe** pedir um favor.*
  *Vou pedir-**lhe** um favor.*

- Nas orações em que haja auxiliar gerúndio, o pronome pode vir antes ou depois do verbo auxiliar, ou depois do verbo principal.

  Exemplos:

  *Eu **lhe** estou pedindo um favor.*
  *Estou **lhe** pedindo um favor.*
  *Estou pedindo-**lhe** um favor.*

- Nas orações em que haja auxiliar particípio, o pronome pode vir antes ou depois do verbo auxiliar.

  Exemplos:

  *Eu **a** tenho estudado.*
  *Eu tenho-**lhe** pedido.*
  *Eu **lhe** tenho pedido.*

- Nas orações em que haja o gerúndio precedido de preposição, o pronome deve vir antes do verbo.

  Exemplos:

  *Em **se** fazendo noite...*
  *Em **se** tratando do assunto...*

- Nas locuções verbais precedidas de palavras que exerçam atração, coloca-se o pronome antes do verbo.

  Exemplos:

  *Não **se** pode comentar...*

O que ***lhe*** *pude dizer...*
Não ***lhe*** *estou pedindo favores.*
Não ***a*** *tenho estudado.*

- Nas orações em que o infinitivo vier precedido da preposição "a", o pronome deve vir depois do verbo.

Exemplos:
Não a tenho estudado.
Todos estão a incentivá-los.
Vivem a recriminá-lo.

UNIDADE XVII

ANÁLISE SINTÁTICA DA ORAÇÃO

1. **Introdução**
   a. **oração/período**
   b. **análise sintática**
2. **Termos essenciais da oração:**
   a. **sujeito:**
      - simples
      - composto
      - indeterminado
      - oculto
      - oração sem sujeito
   b. **predicado:**
      - predicado nominal
      - predicado verbal
      - predicado verbo-nominal
   c. **predicação:**
      - verbos de ligação
      - verbos intransitivos
      - verbos transitivos
      - predicativo:
        - do sujeito
        - do objeto

1. Introdução

a. Oração/Período

Oração *é* uma palavra, ou conjunto de palavras, que exprime um pensamento ou encerra uma declaração. Uma oração pode vir sozinha ou acompanhada de outras orações. Quando a oração vem sozinha, tem-se um ***período simples****;* quando vem acompanhada, tem-se um ***período composto****.*

Exemplos:

Maria ***foi*** ao cinema (= oração única(um verbo) = período simples)

Maria **foi** ao cinema e João **ficou** em casa (= duas orações(dois verbos) = período composto).

> **! OBSERVAÇÃO**
>
> Reconhece-se a oração pelo verbo. Haverá, pois, tantas orações quantos forem os verbos. Em certos casos, o verbo sozinho pode constituir uma oração; em outros casos o verbo pode vir subentendido.
>
> **Exemplos:**
>
> Cheguei, olhei, entrei (= 3 verbos = 3 orações)
>
> Fui a Porto Alegre, ela ao Rio de Janeiro (verbo subentendido).

b. Análise sintática

Quando você se dedica ao estudo da estrutura sintática de uma língua, está fazendo a **análise sintática**. Ela serve para decompor o texto em unidades sintáticas e perceber como os elementos sintáticos são organizados na sentença.

2. Termos essenciais da oração

Os termos essenciais da oração são dois: ***sujeito*** e ***predicado****.*

a. Sujeito

Sujeito *é o* elemento de que se declara alguma coisa.

O sujeito classifica-se em:

Sujeito simples

Simples *é* o sujeito que *é* formado em torno de apenas um núcleo.

Exemplos:

- *O rapaz estudou.*
  Sujeito de "estudou": o rapaz
- *Ela percebeu que João era magro e feio.*
  Sujeito de "percebeu": ela. Sujeito de "era": João
- *Anacleto resmungou.*
  Sujeito de "resmungou": Anacleto.
- *Os caminhos estavam respingados do leite da lua.*
  Sujeito de "estavam": os caminhos.
- *O bicho gemeu no mato escuro.*
  Sujeito de "gemeu": o bicho.

Sujeito composto

Composto *é* o sujeito que *é* formado de dois ou mais núcleos.

Exemplos:

- Carlos e sua mulher estudam.
  Sujeito de "estudam": Carlos e sua mulher.
- Meu irmão e eu fomos à pescaria.
  Sujeito de "fomos": meu irmão e eu.
- O professor e o aluno foram à diretoria.
  Sujeito de "foram": o professor e o aluno.
- Marta e Edgar querem-se muito bem.
  Sujeito de "querem-se": Marta e Edgar.

Sujeito indeterminado

Indeterminado *é* o sujeito que não se especifica ou não se identifica com exatidão.

Exemplos:

- *Dizem tanta coisa!*
  Sujeito de "dizem": sujeito indeterminado
- *Vive-se bem.*
  Sujeito de "vive-se": indeterminado

- *Canta-se bem*
  Sujeito de "canta-se": indeterminado
- *Morre-se de frio.*
  Sujeito de "morre-se": indeterminado
- *Precisa-se de operários*
  Sujeito de "precisa-se": indeterminado

OBSERVAÇÃO

Quando o sujeito é indeterminado, o sujeito aparece na 3ª pessoa do singular + pronome *se*, com verbo intransitivo ou transitivo direto ou na 3ª pessoa do plural, sem que haja especificações a palavras antepostas a ele.

Exemplos:

Vive-se bem.(3ª pessoa do singular + pronome "se")

Bateram à porta. (3ª pessoa do plural)

Sujeito oculto

Sujeito oculto ou **elíptico** é aquele que não é expresso na frase, porém, pode ser determinado pela desinência verbal.

Exemplo:

Vivemos preocupados com a segurança daquele local.

Oração sem sujeito

Oração sem sujeito é a que é formada apenas pelo predicado e esse conteúdo verbal não se atribui a nenhum ser, ou seja, articula-se a partir de um **verbo impessoal**. Observe a estrutura destas orações:

Verbos que indicam fenômenos da natureza (gear, nevar, anoitecer, amanhecer, relampejar, entardecer, chover, trovejar, etc).

Exemplos:

Choveu *muito ontem.*

Anoiteceu *rápido.*

Ventou *muito ontem na praia.*

Verbos haver *e* fazer *no sentido de tempo decorrido.*

Exemplos:

Faz *duas semanas...*

Há *dois dias que não a vejo.*

OBSERVAÇÃO

O verbo "haver" (quando significa "existir") também se constrói sem sujeito e permanecerá na 3ª pessoa do singular.

Exemplo:

Nesta casa não ***há*** *discussões.*

Verbos fazer *e* estar *no sentido de temperatura.*

Exemplos:

Faz *frio em Blumenau.*

Está *calor demais hoje.*

b. Predicado

Predicado é a parte do período que indica alguma coisa a respeito do sujeito, isto é, tudo aquilo que se declara do sujeito.

Predicado nominal

No ***Predicado nominal***, o núcleo é um nome. Ele *é* formado por verbo de ligação + predicativo.

Exemplos:

Lígia é estudiosa.

Edna é linda.

O colega permaneceu calado.

A Cleusa parecia uma estátua.

Predicado verbal

No ***Predicativo verbal***, o verbo é o núcleo do predicado pois demonstra uma ação. É formado por verbo intransitivo ou verbo transitivo + objeto.

Exemplos:

- O diretor abriu a porta
  Verbo transitivo direto: "abriu"
  Objeto direto: "a porta"
  Predicado verbal: "abriu a porta".
- O preso fugiu.
  Verbo intransitivo: "fugiu
  Predicado verbal: "fugiu"
- A mulher cantava.
  Verbo intransitivo: "cantava"
  Predicado verbal: "cantava"
- O aluno estudou a lição.
  Verbo transitivo direto: "estudou"
  Objeto direto: "a lição"
  Predicado verbal: "estudou a lição"
- Todos fizeram a lição.
  Verbo transitivo direto: "fizeram"
  Objeto direto: "a lição".
  Predicado verbal: "fizeram a lição"
- A menina gosta de bonecas.
  Verbo transitivo indireto: "gosta"
  Objeto indireto: de bonecas
  Predicado verbal: gosta de bonecas.

Predicado verbo-nominal

*O **Predicado verbo-nominal** é* formado por verbo que indica ação e um predicativo que pode se referir tanto ao sujeito quanto ao verbo.

OBSERVAÇÃO

verbo intransitivo + predicativo

verbo transitivo + objeto + predicativo

Exemplos:

- Pedro fez o amigo feliz.
  Verbo transitivo direto: "fez
  Objeto direto: " o amigo"
  Predicativo do objeto: "feliz"
  Predicado verbo-nominal: "fez o amigo feliz".
- O rio corre veloz.
  Verbo intransitivo: "corre"
  Predicativo do sujeito: " veloz"
  Predicado verbo-nominal: "corre veloz"
- O chefe considerava-o preguiçoso.
  Verbo transitivo direto: "considerava"
  Objeto direto: " o"
  Predicativo do objeto: " preguiçoso"
  Predicado verbo-nominal: "considerava-o preguiçoso"

c. Predicação

Há uma relação sintática entre sujeito e predicado, entre verbo e complemento. Dá-se a esta característica o nome de ***predicação***. No que diz respeito à predicação, os verbos podem ser ***de ligação, intransitivos*** *ou* ***transitivos***.

Verbos de ligação

Verbos de ligação são aqueles que apenas servem para unir um termo que expressa qualidades, características ao sujeito. A palavra que se une ao sujeito, mediante o verbo de ligação, chama-se **predicativo**.

Exemplos:

João é estudioso (verbo "ser": de ligação)
Luís *ficou* doente (verbo "ficar": de ligação)
A noite *está* quente (verbo "estar": de ligação)

Predicativo

Como vimos, há certos verbos que ligam uma palavra ou expressão ao sujeito. Esses verbos chamam-se ***verbos de ligação***, e a palavra ou expressão é chamada de ***predicativo do sujeito***.

Além do predicativo do sujeito, temos o *predicativo do objeto*. ***Predicativo do objeto*** completa o sentido do verbo, referindo-se ao objeto e modificando-o. O predicativo do objeto é exigido por certos verbos, tais como: chamar, considerar, eleger, nomear, escolher, tornar, fazer, declarar, julgar, deixar, etc. Pode vir precedido de certas preposições.

Exemplos:

Predicativo do objeto

Chamaram-no covarde. (ou de covarde)

O clube elegeu-o tesoureiro.

Nomearam-no bedel.

Predicativo do sujeito

O Brasil é majestoso.

Todos ficaram aborrecidos.

O mestre era risonho.

Verbos intransitivos

Verbos intransitivos são aqueles que, por terem sentido completo, não precisam de complemento.

Exemplos:

As esperanças *morreram*.

As ilusões *aumentaram*.

O pássaro *cantou*.

Verbos transitivos

Verbos transitivos *são* aqueles que pedem complemento por não terem sentido completo. Chamam-se ***transitivos diretos*** quando pedem um complemento ou objeto direto; chamam-se ***transitivos indiretos*** quando pedem um complemento ou objeto indireto. Chamam-se ***transitivos diretos e indiretos (ou* bitransitivos)** quando pedem dois complementos ao mesmo tempo: um objeto direto e um objeto indireto.

O ***objeto direto*** vem ligado diretamente ao verbo.
O ***objeto indireto*** vem ligado ao verbo por meio de uma preposição.
Exemplos:

- *O diretor abriu a porta e sorriu.*
  Verbo transitivo direto: "abriu"
  Verbo intransitivo: "sorriu"
  Objeto direto de "abriu": "a porta"
- *O transeunte deu esmola ao pobre.*
  Verbo transitivo direto e indireto: "deu"
  Objeto direto: "esmola"
  Objeto indireto: "ao pobre"
- *Ela necessita de muitos conselhos.*
  Verbo transitivo indireto: "necessita"
  Objeto indireto: "de muitos conselhos".

UNIDADE XVIII

TERMOS INTEGRANTES DA ORAÇÃO

1. **Complemento verbal:**
   a. **objeto direto**
   b. **objeto indireto**
2. **Complemento nominal**
3. **Agente da passiva**

TERMOS INTEGRANTES DA ORAÇÃO

1. Complemento verbal

É o que completa o sentido de um verbo transitivo direto ou transitivo indireto.

a. Objeto direto

É *o* complemento que vem diretamente ligado a um verbo transitivo direto. Geralmente o *objeto direto* não vem ligado, ou melhor, não vem regido de preposição.

Exemplos:

- *Estudei a lição.*
  Sujeito de "estudei": eu (oculto)
  Verbo transitivo direto: estudei
  Objeto direto: a lição.
- *Deves amar a tua casa.*
  Sujeito de "deves amar": tu (oculto)
  Verbo transitivo direto: amar
  Objeto direto: a tua casa.

! OBSERVAÇÃO

Não se deve confundir objeto direto com predicativo do sujeito.
Veja a diferença:
O aluno *é* estudioso.
(estudioso = predicativo do sujeito)
O aluno estuda a lição.
(a lição = objeto direto)

b. Objeto indireto

É *o* complemento que vem indiretamente ligado a um verbo transitivo indireto. O *objeto indireto* vem regido de preposição.

Exemplos:

- *Os filhos dependem dos pais.*
  Sujeito de "dependem": os filhos

Verbo transitivo indireto: dependem
Objeto indireto: dos pais

- *Isto depende do mestre*

Sujeito de "depende": isto
Verbo transitivo indireto: depende
Objeto indireto: do mestre

! OBSERVAÇÃO

Não se deve confundir objeto indireto (complemento de um verbo) com complemento nominal (complemento de um nome).

Veja a diferença:

O menino sempre teve gosto pelos estudos.
(pelos estudos: complemento nominal)
O menino sempre gostou dos estudos. (dos estudos: objeto indireto).

! OBSERVAÇÃO

Há verbos que pedem dois complementos verbais: objeto direto e objeto indireto.

Exemplos:

Peço a Deus paciência.
Sujeito de "peço": eu (oculto)
Objeto direto: paciência
Objeto indireto: a Deus.
Verbo transitivo direto e indireto: peço

2. Complemento nominal

É o que completa a significação de um nome: substantivo ou adjetivo ou advérbio de sentido relativo.

Exemplos:

- *O professor foi digno da homenagem.*
  Complemento nominal: da homenagem
- *Tanto o homem como a mulher devem ter amor aos estudos.*
  Complemento nominal: aos estudos

3. Agente da passiva

É o complemento dos verbos passivos.

Exemplos:

- Joãozinho foi operado pelo médico.
  Agente da passiva: pelo médico
- O mundo foi feito por Deus.
  Agente da passiva: por Deus
- O amor deve ser guiado pelo dever.
  Agente da passiva: pelo dever.

! OBSERVAÇÃO

Não se deve confundir agente da passiva com objeto indireto nem com complemento nominal.

Veja a diferença:

A lição foi estudada por mim. (por mim: agente da passiva)
O vizinho foi responsável pelo barulho. (pelo barulho: complemento nominal)
Todos precisam de dinheiro. (de dinheiro: objeto indireto).

UNIDADE XIX

TERMOS ACESSÓRIOS DA ORAÇÃO

1. Adjunto adnominal
2. Adjunto adverbial
3. Aposto
4. Vocativo

TERMOS ACESSÓRIOS DA ORAÇÃO

Acessórios são os termos que indicam circunstâncias da oração; que indicam um fato secundário que alarga ou restringe o significado das palavras e dão realce para melhor compreensão da oração.

1. Adjunto adnominal

É a palavra ou expressão que modifica um substantivo restringindo-lhe ou ampliando o sentido. Muitas são as palavras que podem exercer a função de adjunto adnominal.

As palavras que podem exercer a função de adjunto adnominal são:

- ***artigos:*** *o*, a, um, uma, uns, umas.

  Exemplos:

  O *ódio passou.*

  A *raiva passou.*

  Era tão gordo que parecia ***um*** *elefante.*

  Era tão gorda que parecia ***uma*** *elefanta.*

- ***numerais:*** um, dois, três, etc.

  Exemplos:

  Um *quilo de café dura* ***uma*** *semana.*

  Dois *tomates e* ***três*** *cebolas dão para* ***uma*** *refeição.*

- ***adjetivos:*** belo, feio, gordo, bom, magro, estudioso, etc.

  Exemplos:

  Ontem fez um ***belo*** *dia!*

  Não existem pessoas ***feias****; existe físico* ***belo****.*

  Conheci um menino ***gordo*** *que tinha uma irmã* ***magra****.*

  Um aluno ***estudioso*** *merece elogios.*

- ***possessivos:*** meu, teu, seu.

  Exemplos:

  Meu *conceito é diferente do* ***seu*** *julgamento.*

  O ***teu*** *amor é fingimento.*

- ***demonstrativos:*** este, esta, aquele, etc.

  Exemplos:
  Não largava ***este*** *livro e detestava* ***aquela*** *revista.*
  Esta *máquina é portátil.*

- ***indefinidos:*** algum, alguns, etc.

  Exemplos:
  Algum *pronunciamento se fará no dia.*
  Muitos *condenam* ***algumas*** *atitudes.*

- ***locuções adjetivas:***

  Exemplos:
  Amor ***de irmão*** = amor fraternal.
  Bênção ***de bispo*** = bênção episcopal.

2. Adjunto adverbial

É uma expressão ou palavra que modifica o verbo ou a ideia de um adjetivo ou de um advérbio.

Todo adjunto adverbial exprime certas circunstâncias, tais como:

- ***lugar.***

  Exemplos:
  Moro *longe.*
  Vivo *aqui.*

- ***tempo.***

  Exemplos:
  Em *fevereiro,* houve uma catástrofe.
  Periodicamente se faz uma prova.

- ***negação.***

  Exemplos:
  Nunca mentiu.
  Jamais faltou à aula.

- ***dúvida.***

  Exemplos:
  Talvez ele venha.
  Quiçá possa vir.

- ***intensidade.***

  Exemplos:
  Falou *alto.*
  Dormiu *pouco.*
- ***afirmação.***

  Exemplos:
  Ele virá *com certeza.*
  Certamente já se arrependeu.
- ***modo.***

  Exemplos:
  Respondeu *sabiamente.*
  Falou *calmamente.*

3. Aposto

É uma expressão, palavra ou mesmo oração, que especifica outro termo.

Exemplos:
*Brasília, **capital do Brasil**, é uma das mais lindas cidades do mundo.*
***Escritor extraordinário,** Monteiro Lobato encantou as crianças.*

4. Vocativo

É expressão ou palavra que encerra uma apelação, chamamento.

Exemplos:
Meus alunos, estudem.
Meus amigos, sejam sinceros.

! OBSERVAÇÃO

O vocativo pode estar acompanhado da interjeição "ó", de modo claro ou subentendido. Ele não pertence aos termos da oração já estudados; não faz parte nem do sujeito, nem do predicado.

Não se deve confundir "vocativo" com "aposto".

Veja a diferença:
***Meus bons colegas**, sejam fiéis às tradições brasileiras.* (= vocativo)
*Rui Barbosa, **Águia de Haia**, foi uma das maiores glórias do Brasil.* (= aposto)

UNIDADE XX

ANÁLISE SINTÁTICA DO PERÍODO

1. Período composto:

- por coordenação
- por subordinação
- por coordenação e subordinação

2. Orações:

a. **coordenadas:**
b. **subordinadas:**

ANÁLISE SINTÁTICA DO PERÍODO

1. Período composto

É o período que encerra duas ou mais orações. O período composto pode ser constituído de diferentes modos:

- por coordenação
- por subordinação
- por coordenação e subordinação

Exemplos:

O homem põe e Deus dispõe.

No exemplo, temos duas orações.

É um período composto. As orações estão ligadas pelo conectivo "e", dando-lhes sentidos coordenados, ou seja, independentes.

O período chama-se ***composto por coordenação.***

Exemplos:

Chegava a hora, mas era muita a preguiça.

As orações deste período estão coordenadas entre si. Cha*ma-se, pois,* ***período composto por coordenação***.

! OBSERVAÇÃO

O período composto por coordenação pode ser constituído de ***orações coordenadas assindéticas*** e ***orações coordenadas sindéticas***. Conhece-se uma ***oração coordenada sindética*** quando vem com o conectivo expresso. ***Assindética,*** quando o conectivo coordenativo não vem expresso.

Exemplos:

Ele estuda, trabalha e brinca.

Temos um período composto por coordenação. Há nele três orações:

1ª — Ele estuda;

2ª — trabalha

3ª — e brinca

Trouxe-lhe este livro que me encomendou.

No exemplo, o período é composto.

Temos duas orações ligadas pelo conectivo "que". A oração "que me encomendou" está subordinada à principal (Trouxe-lhe o livro).

Quando num período há uma ou mais orações subordinadas, este período é composto por **subordinação.**

Abria os braços, para que o ar enchesse os pulmões.

As orações deste período estão ligadas por um conectivo subordinativo (para que). Chama-se, pois ***período composto por subordinação***.

O período pode ser ***composto por coordenação e subordinação***.

Exemplos:

Estudo e trabalho porque quero.

O período é composto de três orações:

1ª — Eu estudo: oração principal.

2ª — e trabalho: oração coordenada.

3ª — porque quero: oração subordinada

Há uma oração subordinada e outra coordenada. O período é misto, isto é, composto ***por coordenação e subordinação.***

2. Orações

Veja o exemplo:

"*O homem é racional*". Trata-se de um *período simples.* Há nele uma única oração(um verbo). E esta oração chama-se ***oração absoluta***.

Veja o exemplo:

"É *necessário que estudem*". Neste período há duas orações (dois verbos). A primeira *("É necessário*") está exigindo uma outra oração que lhe complete o sentido ("*que estudem*"). Quando uma oração exige outra para dar-lhe sentido, chama-se oração principal.

a. coordenadas

As ***orações coordenadas*** podem ser:

- ***assindéticas*** (quando o conectivo coordenativo não vem expresso) e ***sindéticas*** (quando o conectivo coordenativo está expresso).

As ***sindéticas*** podem ser:

- ***aditivas***: (*e, nem, não só... mas também, não só... como, assim... como)* vêm ligadas a outra por meio de uma conjunção coordenativa aditiva.

  Exemplo: Ele chegou *e saiu.*
- ***adversativas***: *(mas, contudo, todavia, entretanto, porém, no entanto, ainda, assim, senão)* vêm ligadas a outra por meio de uma conjunção coordenativa adversativa.

  Exemplo: Ele labuta muito, *não obstante vive pobre.*
- ***alternativas***: *(ou... ou; ora...ora; quer...quer; seja...seja)* vêm ligadas a outra por meio de uma conjunção coordenativa alternativa.

  Exemplo: Em tudo vê *ou põe obstáculo*
- ***conclusivas***: vêm ligadas a outra por meio de uma conjunção coordenativa conclusiva (*logo, portanto, por fim, por conseguinte, consequentemente).*

  Exemplo: Planto, *por conseguinte colherei.*
- ***explicativas:*** (isto *é, ou seja, a saber, na verdade, pois)* vêm ligadas a outra por meio de conjunção coordenativa explicativa.

  Exemplo: Acautela-te, *pois o terreno é perigoso.*

! OBSERVAÇÃO

"Os ilhais da fera arfam de fadiga, a espuma franja-lhe a boca, as pernas vergam e resvalam, e os olhos amortecem de cansaço" (Rebelo da Silva).

Divisão do período em orações:

"Os ilhais da fera arfam de fadiga / a espuma franja-lhe a boca / as pernas vergam / e resvalam / e os olhos amortecem de cansaço".

Classificação das orações:

"Os ilhais da fera arfam de fadiga" = oração coordenada assindética.

"A espuma franja-lhe a boca" = oração coordenada assindética.

"As pernas vergam" = oração coordenada assindética.

"e resvalam" = oração coordenada sindética aditiva.

"e os olhos amortecem de cansaço" = oração coordenada sindética aditiva.

b. subordinadas

As ***orações subordinadas*** são classificadas de acordo com a função que elas exercem no período. As orações subordinadas dependem das orações principais. Conhece-se uma oração subordinada quando vem ligada por um conectivo subordinativo, isto é, por uma conjunção subordinativa ou por um pronome relativo. As orações subordinadas dividem-se: em ***substantivas — adjetivas — adverbiais.***

As ***orações substantivas*** exercem a função de um substantivo. Podem ser:

- ***subjetivas:*** quando exercem a função de sujeito do verbo da oração anterior.

  Exemplos:

  É bom que estudem.

  É bom/que estudem.

  É bom = oração principal

  que estudem = oração subordinada substantiva subjetiva (chama-se subjetiva porque está exercendo a função de sujeito do verbo da oração anterior: é). O "que" que inicia a oração subjetiva chama-se conjunção (ou conectivo) integrante.

  Convém que faças o bem.

  Convém/que faças o bem.

  Convém = oração principal

  que faças o bem = oração subordinada substantiva subjetiva (chama-se subjetiva porque está exercendo a função de sujeito do verbo da oração anterior: convém). O "que" que inicia a oração subjetiva chama-se conjunção (ou conectivo) integrante.

  Parece que amanhã é dia santificado.

  Parece/que amanhã é dia santificado.

  Parece = oração principal

  que amanhã é dia santificado. = oração subordinada substantiva subjetiva. (Chama-se subjetiva porque está exercendo a função de sujeito do verbo da oração anterior: parece). O "que" que inicia a oração subjetiva chama-se conjunção (ou conectivo) integrante.

- ***objetivas diretas,*** quando exercem a função de objeto direto do verbo da oração anterior.

  Exemplos:

  Quero que aprendam.

  Quero/que aprendam.

  Quero = oração principal

  que aprendam. = oração subordinada substantiva objetiva direta. (Chama-se objetiva direta porque exerce a função de objeto direto do verbo da oração anterior: quero). O "que" é uma conjunção (conectivo) integrante.

  Eu desejo que sejas feliz.

  Eu desejo/que sejas feliz

  Eu desejo = oração principal

  que sejas feliz = oração subordinada substantiva objetiva direta. (Chama-se objetiva direta porque está exercendo a função de objeto direto do verbo da oração anterior: desejo). O "que" é uma conjunção (conectivo) integrante.

- ***objetivas indiretas,*** quando exercem a função de objeto indireto do verbo da oração anterior.

  Exemplos:

  Eu gostaria de que todos viessem.

  Eu gostaria = oração principal

  de que todos viessem = oração subordinada substantiva objetiva indireta.

  Necessito de que ampares a criança.

  Necessito /de que ampares a criança

  Necessito = oração principal

  de que ampares a criança. = oração subordinada substantiva objetiva indireta. (Chama-se objetiva indireta porque exerce a função de objeto indireto do verbo da oração anterior: necessito). O "que" desta oração e da anterior chama-se conjunção (conectivo) integrante.

- ***completivas nominais***, quando exercem a função de complemento nominal da oração anterior.

  Exemplos:

  Tenho receio de que quebres o copo

  Tenho receio /de que quebres o copo

  Tenho receio = oração principal

  de que quebres o copo = oração subordinada substantiva completiva nominal. (Chama-se completiva nominal porque exerce a função de complemento nominal da oração anterior, mais precisamente da palavra "receio" (substantivo). O "que" que inicia a oração chama-se conjunção (conectivo) integrante.

- **predicativas,** quando exercem a função de complemento predicativo ao verbo da oração anterior, verbo esse que deve ser de ligação.

  Exemplos:

  O meu desejo é que estudem.

  O meu desejo é/que estudem.

  O meu desejo é = oração principal

  que estudem. = oração subordinada substantiva predicativa. (Chama-se predicativa porque exerce a função de complemento predicativo do verbo "é" da oração anterior. O "que" chama-se conjunção (conectivo) integrante.

  A verdade é que ele não estudou.

  A verdade é/que ele não estudou.

  A verdade é = oração principal

  que ele não estudou = oração subordinada substantiva predicativa. (Chama-se predicativa porque exerce a função de complemento predicativo do verbo "é" da oração anterior). O "que" chama-se conjunção (conectivo) integrante.

- ***apositivas,*** quando exercem a função de aposto.

  Exemplos:

  Uma só é a intenção: que aprendam

  Uma só é a intenção: /que aprendam

  Uma só é a intenção = oração principal

que aprendam = oração subordinada substantiva apositiva. (Chama-se apositiva porque exerce a função de aposto da oração anterior), O "que" chama-se conjunção (conectivo) integrante.

Peço-lhe uma coisa: que se compenetre do dever

Peço-lhe uma coisa/que se compenetre do dever

Peço-lhe uma coisa = oração principal

que se compenetre do dever = oração subordinada substantiva apositiva. (Chama-se apositiva porque exerce a função de aposto da oração anterior). O "que" é conjunção (conectivo) integrante.

As **orações subordinadas *adjetivas*** equivalem a um adjetivo e vêm ligadas por um pronome relativo. Elas podem ser **restritivas** ou **explicativas**.

- **adjetivas restritivas,** quando se iniciam por um pronome relativo e exprimem uma qualidade acidental, não inerente, em relação à palavra ou à oração anterior.

  Exemplos:

  O homem que estuda aprende

  O homem/que estuda/aprende

  O homem aprende = oração principal

  que estuda = oração subordinada adjetiva restritiva. (O "que" é um pronome relativo).

  Não me lembro da pessoa à qual você fez referências.

  Não me lembro da pessoa/ à qual você fez referências.

  Não me lembro da pessoa = oração principal

  à qual você fez referências = oração subordinada adjetiva restritiva. (O "que" é pronome relativo).

- ***adjetivas explicativas***, quando se iniciam por um pronome relativo e exprimem uma qualidade essencial, inerente, em relação à palavra ou à oração anterior, mesmo que para o sentido da oração seja dispensável.

  Exemplos:

  O homem, que é mortal, julga-se às vezes eterno.

  O homem,/que é mortal/julga-se às vezes eterno.

O homem julga-se às vezes eterno = oração principal

que é mortal = oração subordinada adjetiva explicativa. (O "que" é um pronome relativo).

São ***orações subordinadas adverbiais*** quando têm o valor de um advérbio e vêm ligadas por conjunções subordinativas (menos as integrantes) . As orações adverbiais podem ser:

- **causais,** quando se iniciam por uma conjunção subordinativa causal. As conjunções causais são: porque, visto que, como, uma vez que, posto que, etc.

  Exemplo:

  A verdade não se impacienta, porque é eterna.

  A verdade não se impacienta,/porque é eterna.

  A verdade não se impacienta = oração principal

  porque é eterna = oração subordinada adverbial causal.

- **comparativas,** quando se iniciam por uma conjunção subordinativa comparativa. As conjunções comparativas são: como, que, do que, etc.

  Exemplo:

  O homem lutou como um leão.

  O homem lutou/como um leão.

  O homem lutou = oração principal

  como um leão = oração subordinada adverbial comparativa.

- ***concessivas,*** quando se iniciam por uma conjunção subordinativa concessiva. As conjunções concessivas são: embora, a menos que, se bem que, ainda que, conquanto que, etc.

  Exemplo:

  Embora chova, iremos fazer compras.

  Embora chova/iremos fazer compras.

  Embora chova = oração subordinada adverbial concessiva

  iremos fazer compras = oração principal

- ***condicionais,*** quando se iniciam por uma conjunção subordinativa condicional. As conjunções condicionais são: se, caso, desde que, contanto que, sem que, etc.

Exemplo:
Iremos a Recife, se Deus nos ajudar.
Iremos a Recife/se Deus nos ajudar.
Iremos a Recife = oração principal
se Deus nos ajudar = oração subordinada adverbial condicional.

- ***consecutivas,*** quando se iniciam por uma conjunção subordinativa consecutiva. As conjunções consecutivas são: que (precedido de tal, tão, tanto, tamanho), de sorte que, de modo que, etc.

Exemplo:
A dor era tanta que o menino desmaiou.
A dor era tanta,/que o menino desmaiou.
A dor era tanta = oração principal
que o menino desmaiou. = oração subordinada adverbial consecutiva.

- ***finais,*** quando se iniciam por uma conjunção subordinativa final. As conjunções finais são: para que, a fim de que, que, porque, etc.

Exemplo:
Chamei-o para que ouça a verdade.
Chamei-o /para que ouça a verdade.
Chamei-o = oração principal
para que ouça a verdade. = oração subordinada adverbial final.

- ***temporais***, quando se iniciam por uma conjunção subordinativa temporal. As conjunções temporais são: quando, enquanto, logo que, assim que, depois que, antes que, desde que, ...

Exemplo:
Viajou, logo que passou a chuva.
Viajou/logo que passou a chuva.
Viajou = oração principal
logo que passou a chuva = oração subordinada adverbial temporal.

- ***proporcionais,*** quando se iniciam por uma conjunção subordinativa proporcional. As conjunções proporcionais são: à medida que, à proporção que, quanto mais...tanto mais, quanto mais... tanto menos, etc.

Exemplo:

Eram chamados/à medida que recebiam o visto.

Eram chamados = oração principal

à medida que recebiam o visto = oração subordinada adverbial proporcional.

- ***conformativas,*** quando se iniciam por uma conjunção subordinativa conformativa. As conjunções conformativas são: conforme, consoante, como, segundo, etc.

  Exemplo

  Fiz conforme o professor pediu.

  Fiz/conforme o professor pediu.

  Fiz = oração principal

conforme o professor pediu = oração subordinada adverbial conformativa.

! OBSERVAÇÃO

Orações reduzidas

Quando um verbo de uma oração estiver numa das formas nominais (infinitivo, gerúndio, particípio) pode constituir uma oração reduzida.

As orações reduzidas podem ser: substantivas — adjetivas — adverbiais — *orações substantivas reduzidas de infinitivo.*

Essas orações substantivas nunca podem ser reduzidas de gerúndio ou de particípio.

Exemplo: — Não me é necessário *recordar coisas do passado.*

— *orações adjetivas reduzidas*

Exemplo: — Na constância dos ideais *a terem na vida* repousa a segurança do sucesso.

— *orações adverbiais reduzidas*

Essas orações podem ser reduzidas de infinitivo, de gerúndio ou de particípio.

Exemplo: — Todos cantaram a vitória *de terem um campeão.*

PARA EXERCITAR

1. Leia este poema de Manuel Bandeira e faça o que se pede abaixo:

HAI-KAI DA PALAVRA ANDORINHA

A palavra andorinha
Freme devagarinho
E some em silêncio...

(Mário Quintana)

a) O poema é formado por duas orações. Separe-as .
b) Identifique os verbos do poema.
c) Classifique sintaticamente a segunda oração do poema.

2. Leia este poema de Carlos Drummond de Andrade e reescreva os seguintes versos substituindo as orações substantivas pelos substantivos correspondentes. Siga o modelo:

POEMA DA NECESSIDADE

É preciso casar João,
é preciso suportar Antônio,
é preciso odiar Melquíades,
é preciso substituir nós todos.

É preciso salvar o país,
é preciso crer em Deus,
é preciso pagar as dívidas,
é preciso comprar um rádio,
é preciso esquecer fulana.

É preciso estudar volapuque,
é preciso estar sempre bêbedo,
é preciso ler Baudelaire,
é preciso colher as flores
de que rezam velhos autores.

É preciso viver com os homens,
é preciso não assassiná-los,
é preciso ter mãos pálidas
e anunciar o FIM DO MUNDO.

Carlos Drummond de Andrade,
in 'Sentimento do Mundo'

a) É preciso salvar o país: *É preciso a salvação do país.*
b) É preciso crer em Deus:
c) É preciso pagar as dívidas:
d) É preciso comprar um rádio:
e) É preciso esquecer fulana:

UNIDADE XXI

1. Porque
2. Porquê
3. Por que
4. Por quê

1. Porque

- é uma conjunção coordenativa explicativa.

  Exemplo: Não faças isto *porque* acabo de ter notícias a respeito.
- é uma conjunção subordinativa causal.

  Exemplo: Ele fez tudo direitinho *porque* a mãe mandou.
- usa-se nas respostas. É possível trocar o "porque" por "pois", sem alterar o sentido.

  Exemplos: Ele não compareceu *porque* esteve acamado.

2. Porquê

- usa-se quando tem função de substantivo.

  Exemplo: Acredito que o *porquê* de tudo está na ignorância.

3. Por que

- são duas palavras: por = preposição

  que = pronome interrogativo ou pronome relativo
- Usa-se esta forma para iniciar perguntas.

  Exemplo: — Por que fizeste isso?
- Quando podemos trocar o "por que" por "por qual razão", "pelo qual" "pela qual", "pelos quais", pelas quais", "por qual", sem alterar o sentido.

Exemplos: Não sei **por que** esse aluno é tão indisciplinado. Era o apelido **por que** (pelo qual) era conhecido.

4. Por quê

- são duas palavras: por = preposição/que = pronome interrogativo
- Quando colocado no **final da frase** ou antes de pausa, tiver o sentido de motivo, razão pela qual.

  Exemplos:

  Não sabes a lição. **Por quê?**

  O garoto estava triste, sem saber **por quê.**

Resumindo:

Forma	Emprego	Exemplos
Por que	Em frases interrogativas diretas e indiretas. Em substituição à expressão "pelo qual" e suas variações.	**Por que** ele não veio? (interrogativa direta) Explique-me **por que** ele foi demitido. (interrogativa indireta) Os problemas **por que** passamos serviram para nos amadurecer. (**por que** = **pelos quais**)
Por quê	No final de frases	Elas não quiseram **por quê**? Ele não desculpou não sei **por quê**.
Porque	Em frases afirmativas e em respostas	Fiquei em casa **porque** estava cansada.
Porquê	Como substantivo	Queria saber o **porquê** da sua revolta.

PARA EXERCITAR

1. (Unimep) – "Perguntei ..... ele não veio. Ele disse que não veio ...... choveu."A alternativa que preenche corretamente as lacunas é:

a) porque – porque
b) por que – porque
c) por que – por que
d) por quê – porque
e) porquê – por que

2. (Fuvest – SP) – Assinale a frase gramaticalmente correta.

a) Não sei por que discutimos.
b) Ele não veio por que estava doente.
c) Mas porque não veio ontem?
d) Não respondi porquê não sabia.
e) Eis o porque da minha viagem.

3. (Fesp – SP) – Considere as frases:

I. O porquê da evasão escolar parece muito claro.
II. Por que você não veio?
III. Você não veio por quê?
IV. O motivo porque ele saiu não interessa.
V. Irei porque me agrada sua companhia.

a) Todas corretas.
b) Todas corretas, menos a IV
c) I, III e IV.
d) II e IV corretas.
e) Todas incorretas.

UNIDADE XXII

FUNÇÕES DA PALAVRA "SE"

1. Pronome reflexivo
2. Índice de indeterminação do sujeito
3. Conjunção
4. Partícula de espontaneidade
5. Partícula expletiva
6. Pronome apassivador

FUNÇÕES DA PALAVRA "SE"

1. *O pronome "se"* pode ser um ***pronome reflexivo***.

É ***pronome reflexivo***, dependendo do sujeito. Caso o sujeito seja agente e paciente ao mesmo tempo, então ele é reflexivo, mesmo que o sujeito traduza ação recíproca.

Exemplos:

A criança feriu-se. (se: pronome reflexivo e objeto direto)

O menino caiu e machucou-se. (se: pronome reflexivo e objeto direto)

Carlos e Elsa deram-se as mãos. (se: pronome reflexivo com ideia de reciprocidade; objeto indireto)

2. *O pronome "se"* pode ser um ***índice de indeterminação do sujeito***.

É ***índice de indeterminação do sujeito*** com verbos intransitivos ou transitivos indiretos.

Exemplos:

*Vive-**se** bem.* (viver: verbo intransitivo)

*Morre-**se**.* (morrer: verbo intransitivo)

*Luta-**se**.* (lutar: verbo intransitivo)

*Precisa-**se** de operários.* (precisar: verbo transitivo indireto)

*Assiste-**se** a filmes.* (assistir: verbo transitivo indireto).

3. Conjunção

O "se" pode ser uma:

- ***conjunção condicional***.

  Exemplo: ***Se*** *não chover, irei ao teatro.*
- ***conjunção integrante***.

  Exemplo: *Não sei **se** devo dizer a verdade.*
- ***conjunção concessiva.***

  Exemplo: ***Se*** *bem que não merecessem, foram castigados.*
- ***conjunção causal***.

  Exemplo: ***Se*** *ignorava o assunto, ele nada fez.*

4. *O "se"* pode ser uma ***partícula de espontaneidade***.

É ***partícula de espontaneidade*** quando acompanha um verbo essencialmente pronominal.

Exemplos:

*Muitos homens queixam-**se** das mulheres.*

*Muitas mulheres arrependem-**se** do que fazem.*

*Ateve-**se** a coisas de somenos importância.*

5. *O "se"* pode ser uma ***partícula expletiva***.

É ***partícula expletiva ou de realce***, quando acompanha um verbo intransitivo, com sujeito determinado, e quando pode ser retirada da frase, sem prejudicar o sentido dela.

Exemplos:

*Lá **se** foi a primeira esperança.*

*O coitado morria-**se** de medo.*

*O aluno sorriu-**se**, bastante surpreso.*

6. *O "se"* *pode ser* ***pronome apassivador***.

É pronome apassivador de um verbo. Nesse caso, o verbo irá para o singular ou para o plural se o sujeito estiver no singular ou no plural.

Exemplos:

*Vende-**se** uma casa/Vendem-**se** muitas casas.*

*Aluga-**se** apartamento/Alugam-**se** apartamentos.*

*Conserta-**se** sapato/Consertam-**se** sapatos.*

PARA EXERCITAR

1. (UEPG – PR) – Classifique o SE na oração: "Ele queixou-se dos maus-tratos recebidos."

a) Parte integrante do verbo.
b) Conjunção condicional.
c) Pronome apassivador.
d) Símbolo de indeterminação do sujeito.
e) Conjunção integrante.

2. (UFPR) – Qual é a função do SE em "Não sei se ela vem"?

a) conjunção subordinativa condicional.
b) conjunção subordinativa integrante.
c) partícula expletiva (de realce).
d) pronome pessoal.
e) conjunção subordinativa concessiva.

3. (FAAP – SP) – Assinale a frase na qual o SE não é pronome apassivador e nem índice de indeterminação do sujeito:

a) Estudou-se este assunto.
b) Ela se suicidou ontem.
c) Falou-se muito sobre aquela festa.
d) Aos inimigos não se estima.
e) Fizeram-se reformas na casa.

UNIDADE XXIII

FUNÇÕES DA PALAVRA "QUE"

1. Pronome
2. Conjunção
3. Preposição
4. Interjeição
5. Advérbio
6. Substantivo
7. Partícula expletiva

FUNÇÕES DA PALAVRA "QUE"

1. *Pronome*

A palavra "***que***" pode exercer inúmeras funções.

- ***Pronome relativo***.

Exemplos:

— *Os livros **que** comprei são de grande utilidade.*

— *"Zagais do monte, **que** um lindo rebanho estais a guardar."* (R. Correia)

- ***Pronome substantivo interrogativo***.

Exemplos:

— ***Que** desejaria ele fazer? (= que coisa?)*

— *Em **que** insistes agora?*

- ***Pronome substantivo indefinido***.

Exemplos:

— *E **que** de argumentos ele inventou para inocentar-se?*

— ***Que** de grandeza revelas nas tuas palavras (= quanto!)*

- ***Pronome adjetivo interrogativo***.

Exemplos:

— ***Que** desculpas inventou? (= quais?)*

— ***Que** livro marcou época em sua vida?*

- ***Pronome adjetivo indefinido.***

Exemplos:

— *Por gentileza: veja **que** pessoas acabam de chegar.*

— ***Que** amor de criatura!*

2. Conjunção

- ***Conjunção coordenativa aditiva***.

Exemplos:

— *Puxa **que** puxa e a porta não se abre.*

— *Teima **que** teima e sempre reclama.*

- ***Conjunção coordenativa adversativa.***

  Exemplos:

  — *Vão eles, **que** não eu. (mas)*

  — *O pai **que** não eu deveria ser injuriado.*

- ***Conjunção coordenativa alternativa.***

  Exemplos:

  — Uma *vez **que** outra, ele me visita. (= ou)*

  — Que isto, ***que*** *aquilo, e não arreda pé.*

- ***Conjunção coordenativa explicativa.***

  Exemplos:

  — *Não zombes dele, **que** está doente. (= pois, porque)*

  — *Deixe-me auxiliá-lo, **que** você bem merece.*

- ***Conjunção subordinativa integrante.***

  Exemplos:

  — *As revistas noticiam **que** houve injustiças.*

  — *Insisto em **que** fales a verdade.*

- ***Conjunção subordinativa final.***

  Exemplos:

  — Fiz*emos isto, **que** reconhecessem o nosso talento.*

  — "Seu tenente, dá licença ***que*** eu visite um amigo"?

- ***Conjunção subordinativa condicional.***

  Exemplos:

  — *Ele não prosseguirá nas vendas, sem **que** o chefe lhe pague.*

  — *A cozinheira não faz um prato, sem **que** ela não se queime toda.*

- ***Conjunção subordinativa causal.***

  Exemplos:

  — *"O povoléu intacto fugia espavorido, que ninguém se atrevia ao filho do corregedor".*

  — *Foi para o litoral, **que** o frio aqui estava insuportável.*

- ***Conjunção subordinativa comparativa.***

  Exemplos:

  — *Foram menos belos os dias da sua mocidade **que** o foram da sua velhice.*

  — *Muitos apreciam mais a educação **que** a cultura.*

- ***Conjunção subordinativa concessiva.***

  Exemplos:

  — *"Dez beijos **que** fossem não queria dizer coisa nenhuma".*

  — *Indigno **que** me julgassem, insistiria no objetivo.*

- ***Conjunção subordinativa temporal.***

  Exemplos:

  — *Hoje, **que** consegui aprender a lição, irei ao teatro.*

  — *Este foi o último dia **que** o vi.*

- ***Conjunção subordinativa consecutiva.***

  Exemplos:

  — *Demorou-se tanto no banho, **que** faltou água.*

  — *Fez uma redação com tal perfeição, **que** recebeu aplausos.*

3. Preposição

Exemplos:

— *Vai todos dias ao escritório, mas não há nada **que** fazer.*

— *A parte da frente da casa terá **que** ser pintada.*

4. Interjeição

Exemplos:

— ***Quê!*** *Como aconteceu?!*

— ***Quê!*** *Não acredito!*

5. Advérbio de intensidade

Exemplos:

— ***Que*** *lindo era aquele mar!*

— ***Que*** *amável convite você me fez!*

6. Substantivo

Exemplos:

— *Procurem compreender o **quê** da honestidade.*

— *Um **quê** de inesquecível mágoa me invade a alma.*

7. Partícula expletiva

Exemplos:

— *Que livro **que** vocês pretendem ler?*

— *Quase **que** perdeu o equilíbrio emocional por sua causa.*

PARA EXERCITAR

Leia este poema de Ulisses Tavares e classifique morfologicamente as ocorrências da palavra "que":

ÚLTIMO ACORDE DO VIOLINO SOLITÁRIO

nada sei sobre a vidinha
do pernilongo
que mato indiferente
na parede.
mas desconfio que era a única
que ele tinha.

(Caindo na real. São Paulo:
Brasiliense, 1984,p.27)

UNIDADE XXIX

INFINITIVO

1. **Infinitivo flexionado**
2. **Infinitivo não-flexionado**

1. Infinitivo flexionado

Deve-se usar o verbo no ***infinitivo flexionado*** (ou pessoal) nos casos abaixo especificados:

a. quando o infinitivo tem sujeito próprio, diferente do sujeito do verbo regente, isto é, do verbo da oração principal:

Exemplos:

— *Acredito seres estudioso.*

Oração principal: acredito

Sujeito de "acredito": eu (oculto)

Sujeito de "seres": tu (oculto)

— *Deves estudar para serem melhores as tuas possibilidades.*

Oração principal: deves estudar.

Sujeito de "deves estudar": tu (oculto).

Sujeito de "serem": as tuas possibilidades (= elas)

b. quando o infinitivo vem precedido de alguma preposição, principalmente se está antes do verbo da oração principal.

Exemplos:

— *Para conheceres o mundo precisas viajar.*

Oração principal: precisas viajar

Sujeito de "conheceres": tu (oculto)

O infinitivo flexionado "conheceres" vem precedido da preposição "para" e vem antes da oração principal.

c. quando se deseja colocar em evidência o agente, ou torná-lo bem claro.

Exemplo:

— *Seria bom teres viajado ontem.*

d. quando se encontra na voz reflexiva.

Exemplos:

— *Deixei as crianças sentarem-se*

— *Vi-os darem-se ares de importantes.*

e. quando é substantivado e com sentido determinado.

Exemplos:

— *O dizeres-me tu me revolta.*

— *O quereres-me bem me engrandece.*

f. quando vem precedido dos verbos regentes "parecer", "ver-se", contanto que estes estejam flexionados.

Exemplos:

— *Crianças que parece rezarem.*

— *Vê-se brilharem as estrelas.*

2. Infinitivo não flexionado

Usa-se o ***infinitivo não-flexionado*** (ou impessoal) nos casos abaixo especificados:

a. quando o infinitivo tem sujeito próprio igual ao do verbo regente.

Exemplos:

— *Procura fazer o que está ao teu alcance.*

— *Estudo para ser feliz.*

b. quando integra uma locução.

Exemplos:

— *Hei de vencer.*

— *Começaram a estudar.*

c. quando um pronome lhe serve de sujeito e ao mesmo tempo de complemento do verbo regente: deixar, mandar, ver ou ouvir.

Exemplos:

— *Mandei-os sentar.*

— *Deixaram-se sair.*

d. quando serve de complemento de certos adjetivos.

Exemplos:

— *Esta lição é fácil de entender.*

— *É um caso difícil de explicar.*

e. quando tem sentido indeterminado.

Exemplos:

— *Fumar é prejudicial.*

— *Comer bem é necessário.*

f. quando integra uma locução.

Exemplos:

— *Hei de vencer.*

— *Começaram a estudar.*

g. quando um pronome lhe serve de sujeito e ao mesmo tempo de complemento do verbo regente: deixar, mandar, ver ou ouvir.

Exemplos:

— *Mandei-os sentar.*

— *Deixaram-se sair.*

h. quando serve de complemento de certos adjetivos.

Exemplos:

— *Esta lição é fácil de entender.*

— *É um caso difícil de explicar.*

i. quando tem sentido indeterminado.

Exemplos:

— *Fumar é prejudicial.*

— Comer bem é necessário.

UNIDADE XXV

CRASE

1. Usa-se crase
2. Não se usa crase

CRASE

- *em sentido restrito* consiste na fusão da preposição "a" com o artigo feminino "a".
- *em sentido* lato consiste na fusão da preposição "a" com o pronome demonstrativo "aquele" e com as flexões "aqueles, aquela, aquelas, aquilo".
- no português assinalamos a crase com o acento grave (`).

1. Usa-se crase:

- antes de nomes femininos que admitam o artigo feminino "a" e a preposição "a".

  Exemplos: *Dirijo-me à escola*
  Fui à feira.
  Dirigi-me à cidade.
- nas locuções prepositivas, quando ocorre a devida concordância do artigo feminino com a palavra seguinte.

  Exemplos:
  Junto à porta.
  Referente à aula.
  Junto às portas.
  Quanto à aula.
- antes da palavra "senhora ";"senhorita", bem como antes da palavra "dona".

  Exemplos:
  Escrevi à senhora Lia.
  Abraços à dona Joana.
- nas locuções adverbiais femininas:
  Viajarei às duas horas.
  Comeu à vontade.
  Irei à noite ao teatro.
- antes de nomes femininos ou masculinos, contanto que se oculte a palavra "moda" ou "maneira" .

Exemplos:
Feijoada à paulista.
Arroz à portuguesa.
Mobílias à Luís XV.
Escreve à Machado de Assis.

- antes de nomes de países, regiões, continentes, cidades, vilas, acidentes geográficos, quando admitem artigo feminino, ou quando especificados ou determinados por adjetivo ou complemento:

  O jovem foi à Brasília de JK.
  Ele foi à encantadora Paris.
  Foi à Roma dos Pontífices.
  Foi à Argentina e à Itália.

- antes da palavra "casa" no sentido de residência especificada.

  Exemplos:
  Foi à Casa de Misericórdia.
  Foi à Casa Bancária.
  Foi à Casa da Moeda.
  Foi à casa do meu amigo.

- no pronome demonstrativo "aquele" e suas flexões, bem como no "a", quando equivale a um pronome.

  Exemplos:
  Escrevi àquele rapaz.
  Refiro-me àquilo.
  Darei nota dez à que melhor prova fizer.

- antes de numerais, com exceção de "uma".

  Exemplos:
  Prestou obediência às duas pessoas presentes.
  Dirigiu a palavra às três alunas reprovadas.

- na indicação do número de horas.

  Exemplo:
  Às *três horas saímos.*

- Se a palavra "terra" vier determinada, aceita o artigo e ocorre a crase.

  Exemplo:
  Já chegaram **à** *terra dos antepassados.*

2. Não se usa crase:

- antes de palavras do gênero masculino.

  Exemplos:
  Fui a lugar desconhecido.
  Dirigi-me a passeio.
- antes de palavras femininas que não são regidas pela preposição "a" embora aceitem o artigo "a".

  Exemplos:
  Estudei a lição.
  Li a revista.
  Assisti a aluna.
- antes de verbos.

  Exemplos:
  Está prestes a morrer.
  Ele vive a cantar e a estudar.
- antes dos pronomes ou artigos indefinidos.

  Exemplos:
  Não dei livro a nenhuma de vocês.
  Refiro-me a certa pessoa.
  Fiz referência a uma pessoa.
  Desejou sucesso a outra colega.
  Fez referências a alguém.
- antes de locuções prepositivas se não ocorrer a concordância do artigo com a palavra seguinte.

  Exemplos:
  Junto a portas proibidas.
  Referente a aulas extras.
  Quanto a leis estrangeiras.
  Junto a pessoas estranhas.

- antes de expressões de tratamento.

  Exemplos:

  Escrevi a Sua Excelência.
  Refiro-me a Sua Excelência.
  Lembranças a Sua Senhoria.
  Fiz elogios a Sua Santidade.
  Peço a Vossa Eminência.

- nas locuções adverbiais se constituídas de palavras masculinas.

  Exemplos:

  Chove a cântaros.
  Andou a cavalo.
  Foi a pé.
  Foi a trancos e barrancos.

- nas locuções adverbiais se essas possuírem palavras repetidas.

  Exemplos:

  Uma a uma.
  Frente a frente.
  Pouco a pouco.
  Cara a cara.
  Gota a gota.

- antes de pronomes relativos (com exceção do pronome "qual")

  A posição a que aspira...
  A festa a que assisti...
  A lei a que obedeço...
  A filha a quem quero bem...

- antes dos pronomes pessoais

  Dirigiram-se a mim.
  Dirigiram-se a você.
  Dei a ele um livro.
  A ela um abraço.
  Dirigiram-se a nós.
  A elas o meu carinho.

- antes da palavra "terra", no sentido de "chão":

  Dirigiu-se a terra.

  Chegou e pulou a terra.

! OBSERVAÇÃO

O uso da crase antes de pronomes possessivos é facultativo.

Exemplos:

Dirijo-me à minha prima (ou a minha prima).

Fui à tua fazenda (ou a tua fazenda).

Escrevi à sua tia (ou a sua tia).

No caso da preposição "até", se vier seguida de um nome feminino, poderá ou não ocorrer a crase.

Exemplos:

Chegou até à esquina.

Chegou até a esquina.

Antes de nomes próprios de pessoas femininos pode ou não ocorrer crase.

Exemplo:

Falei à Joana.

Falei a Joana.

PARA EXERCITAR

Leia o poema abaixo de Mário Quintana e justifique o uso ou não do acento indicativo de crase nos seguintes casos:

O AUTO-RETRATO

No retrato que me faço
- traço a traço -
às vezes me pinto nuvem,
às vezes me pinto árvore...

às vezes me pinto coisas
de que nem há mais lembrança...
ou coisas que não existem
mas que um dia existirão...

e, desta lida, em que busco
- pouco a pouco -
minha eterna semelhança,

no final, que restará?
Um desenho de criança...
Corrigido por um louco!

a) traço a traço: ....
b) às vezes: ....
c) pouco a pouco: ....

QUARTA PARTE

NOVOS CAMINHOS DA LINGUÍSTICA

LINGUÍSTICA

Muitos linguistas colocam o marco do surgimento da Linguística, como ciência, em 1916, quando foi publicada a obra póstuma de Ferdinand de Saussure: "Curso de Linguística Geral".

Outros, contudo, situam esse marco, em 1956, com Noam Chomsky. Pode-se afirmar que a *Linguística geral* nasceu realmente com a publicação de Saussure e a *linguística formal* (no sentido lógico-matemático) com Chomsky.

Atualmente, a linguística combate boa parte das ideias tradicionais sobre a língua e, ao mesmo tempo, reformula ou formaliza muitas dessas ideias, conforme a contínua renovação dessa ciência.

Wilhelm von Humboldt (1767-1834) foi um dos mais importantes chefes do movimento linguístico do século XIX. Segundo ele, a linguagem constitui uma "habilidade criadora" em virtude da qual "cada falante de uma língua é capaz de produzir um número infinito de atos de fala e de entender as realizações feitas por outrem". Diz ainda que "outra propriedade da linguagem é o seu caráter universal". Para ele, a relação entre língua e pensamento é de interdependência e de inseparabilidade: por um lado não existe pensamento sem linguagem e, por outro, a linguagem tem ao lado de sua função denotadora uma função classificatória dos vocábulos, segundo as categorias do pensamento. No século XX, a linguística formal, isto é, a linguística gerativo-transformacional, vai retomar esses princípios, que serão a base de sua doutrina.

A. CONCEITOS BÁSICOS DA LINGUÍSTICA

Linguística é uma ciência

Define-se **linguística** como a ciência da linguagem. É ciência em virtude de seu método objetivo de trabalho. O linguista (pessoa que se dedica a esse estudo) baseia-se em fatos observados e suscetíveis de serem comprovados empiricamente e se abstém de emitir julgamentos de valor. O caráter científico do linguista relaciona-se, pois, com seu aspecto descritivo, distinguindo-a da gramática tradicional, que tem cunho normativo.

O linguista explica os fatos

A gramática tradicional, normativa ou prescritiva como explicamos, tem um cunho normativo. Enunciados como:

“— Me paga um café”
“— Me deixa ver isso”
“— Conserta-se sapatos”
“— A “gata” que eu gosto dela viajou”
“— Vá buscar jornal para mim ler”
“— Sentou-se entre eu e ela”

São considerados pelos linguistas como fatos que devem ser explicados dentro dos usos em que aparecem, procurando encontrar as regras da língua portuguesa que os justificam ou os ocasionam.

Linguagem

O termo linguagem tem, em linguística, um sentido especial e preciso de linguagem humana, com características bem definidas. Muitos linguistas, para melhor caracterizar a linguagem humana, introduzem a noção de dupla articulação que consiste em precisar as unidades fonológicas — unidades não significativas, constituídas por certos tipos de sons chamados fonemas, que servem para diferenciar vocábulos como:

p de pote
b de belo

e que têm por função a de se combinarem entre si para formar as unidades de nível superior — os morfemas que, por sua vez, têm ao mesmo tempo uma forma vocal e um sentido.

Características essenciais da linguística moderna

Qualquer corrente linguística moderna caracteriza-se pela aceitação de certas noções teóricas básicas, que foram em maioria estabelecidas pelo suíço Ferdinand de Saussure. Esses conceitos constituem as características essenciais da linguística moderna.

1. Linguagem e língua

Ao procurar fazer distinção entre linguagem e língua, Saussure indaga: “Mas o que é língua?” Para nós ela não se confunde com a linguagem, da qual não é senão uma parte determinada, se bem que essencial. Ela é ao mesmo tempo um produto social da faculdade de linguagem e um conjunto de convenções necessárias, adotadas pelo corpo social para permitir o exercício dessa faculdade nos indivíduos.

2. Sincronia e diacronia

A dicotomia língua/discurso é reconhecida por Saussure como a primeira bifurcação e a primeira grande escolha teórica na análise linguística. A segunda bifurcação é a dicotomia sincronia/diacronia. Sincronia é o estudo de uma língua, descrevendo um dado "estado" dessa língua, sem se levar em consideração a ação do tempo sobre ela. Um "estado de língua" ou sincronia linguística é o menor período de tempo em que uma língua pode ser apreendida sem interferência da noção de evolução. Poder-se-ia, num estudo sincrônico, analisar, por exemplo, o português moderno do Brasil, ou o português do Brasil do século XVII.

O estudo diacrônico, por sua vez, é a descrição dessa língua no "eixo das sucessividades", isto é, uma descrição de sua evolução histórica.

3. Estrutura

A organização interna de uma língua é como uma grande estrutura composta de sistemas e subsistemas. A estrutura é o todo. Os sistemas e os subsistemas são divisões desse todo, suscetíveis de serem decompostas em elementos cada vez menores, até se chegar aos elementos mínimos significativos ou signos linguísticos mínimos — os morfemas — que por sua vez se decomporão em elementos mínimos não-significativos — os fonemas.

Apesar de nunca haver empregado o termo "estrutura", Saussure é considerado o precursor do estruturalismo e o fundador da linguística moderna.

São três os sistemas linguísticos: fonológico, lexical e morfossintático. A língua é a organização desses sistemas, é o resultado de uma interação entre eles. A noção de estrutura está intimamente vinculada às de relação no interior do sistema e às de valor. Todos os elementos da língua só têm valor em virtude de suas relações de oposições e de equivalências, no interior do subsistema ao qual pertencem. A doutrina estruturalista ensina a predominância do sistema sobre os elementos e visa desprender a estrutura através das relações entre os elementos, mostrando o caráter orgânico das mudanças às quais a língua está submetida.

4. Signo linguístico

Saussure sugeriu a semiologia, isto é, a criação de uma ciência que tratasse do estudo da "vida dos signos no seio da vida social". Foi chamada de "semiótica" essa ciência da vida dos signos na sociedade (Peirce). Vive-se num mundo de representações, num universo povoado de signos: os signos do sistema linguístico oral, da escrita, da música, da pintura, do cinema, das cerimônias, dos ritos, dos objetos, do trânsito, etc. Esse seria então o estudo da semiologia ou semiótica.

Saussure vê a língua como um sistema de signos que combinam um conceito — o "significado" — a uma "marca psíquica do som" — o "significante". Quando se reflete silenciosamente, o signo não se realiza fonicamente e não se tem mais do que uma representação mental, uma imagem, uma ideia. Peirce distingue três tipos de signos:

- ícone (assemelha-se àquilo que representa). Por **Exemplo:** carta geográfica, reprodução pictural, etc. (são imagens ou variedade de imagens);
- índice (determinado por seu objeto). Por **Exemplo:** a fumaça, sintomas de doenças, nomes próprios;
- símbolo (determinado por seu objeto dinâmico, dependendo de uma convenção). Por **Exemplo:** balança (símbolo da Justiça), caveira (símbolo da morte).

5. Relações paradigmáticas e relações sintagmáticas

As relações entre os signos processam-se em dois planos: no plano paradigmático e no plano sintagmático. Sintagmático é o nível das combinações na sequência do discurso, onde o valor de um signo é determinado pela relação de contraste entre ele e os outros signos, isto é, atualizados no mesmo contexto. O nível paradigmático é o nível das seleções, em que um signo determinado se opõe àqueles com que se relaciona por suas diferenças ou semelhanças e que poderiam ser a ele substituídos no mesmo contexto, sendo que a atualização ou escolha de um exclui a realização do outro. Veja um **Exemplo:** — meu livro predileto. Três vocábulos gráficos estão combinados, formando uma unidade maior: eles estão em relação sintagmática. Há três possibilidades de aplicar a operação de substituição: 1.ª "meu" poderia ser substituído por "seu", "o", "este", etc.; 2.ª "livro" por paletó, prato, carro, etc. e 3.ª "predileto" por favorito, original, velho, etc. Essas séries estão em relação paradigmática. É bom acrescentar ou elucidar que as relações paradigmáticas e sintagmáticas não se limitam ao nível do signo lexical ou gramatical, estendendo-se ao nível fonológico.

6. Variações linguísticas

São diferentes as formas de manifestação da linguagem humana bem como as modificações no uso de uma dada língua. As variações são comumente identificadas com as línguas nacionais, com os dialetos, com os falares regionais. Uma mesma língua apresenta variações em seu uso de acordo com o subgrupo social que a utiliza (dialetos, gírias) de acordo com a idade do falante, o sexo do falante, as circunstâncias em que se produz a fala, o desejo de expressividade, etc.

7. Estrutura da língua

Uma língua é constituída de uma parte material, fônica, e de outra psíquica, as ideias. A parte fônica é a língua de expressão e a parte psíquica, de conteúdo. A fônica constituirá a estrutura (plano) da expressão da língua em questão e a psíquica, sua estrutura (plano) do conteúdo.

B. LINGUÍSTICA APLICADA

No século XX, a linguística concebeu nova metodologia e nova orientação, em consequência do estruturalismo, convergindo para a própria natureza da linguagem e para a estrutura das línguas.

Numa primeira aplicação, foi o *método natural* que supunha ser a aprendizagem de uma segunda língua como feita do mesmo modo que a da língua materna, através dos *métodos diretos* (os elementos da nova língua devem ser diretamente associados com os objetos simbolizados, e não diretamente, através da tradução).

O fundamento linguístico dessas concepções é a visão saussuriana da língua, como um sistema ao qual se podem aplicar procedimento e a classificação, isto é, na análise, os enunciados linguísticos podem ser subdivididos em constituintes menores, que são também subdivididos, até se chegar às unidades indivisíveis. Ela se baseia na convicção de que o comportamento linguístico é um conjunto estruturado de hábitos adquiridos pela memorização de um número de modelos, que são utilizados como base para a analogia. A aplicação desses princípios básicos da visão estruturalista trouxe um progresso em relação à tradição gramatical clássica: substituiu, até certo ponto, as abstrações por material linguístico conexo, e a aprendizagem de paradigmas através da memorização pelos exercícios de estrutura que se baseiam na repetição de orações-modelos. O método direto, na sua forma extrema, só foi bem sucedido quando aplicado a um ensino com algum conhecimento prático para contatos com os falantes da língua, ou ensino escolar no nível de iniciantes.

C. GRAMÁTICA TRANSFORMACIONAL

uma das mais modernas tendências linguísticas

Estudiosos aderiram à nova corrente, que é atualmente uma das mais modernas tendências linguísticas. A gramática transformacional apresenta duas contribuições importantes para o ensino de línguas: tornou explícita a capacidade de distinguir sentenças gramaticais de não-gramaticais, capacidade de produzir e compreender um número infinito de sentenças gramaticais. A segunda é que, mesmo um exame cuidadoso dessas capacidades não forneça necessariamente uma resposta de como são adquiridas, é evidente que há certos modos pelos quais é muito improvável que sejam adquiridas.

Gramática: sentido genérico

Gramática, na acepção etimológica, é a ciência da escrita, referindo-se ao manual onde as regras de regulação e uso da língua estão explicitadas ou ao saber que os falantes têm interiorizado acerca da sua língua materna.

Podemos distinguir três definições:

1.ª — É disciplina que estuda as unidades de que se compõe uma língua, as combinações entre essas unidades, as classes e as categorias. Neste sentido, a gramática se subdivide tradicionalmente em "**fonética**", "**morfologia**" e "**sintaxe**", sem contar a "**lexicologia**".

Chama-se gramática comparada à disciplina que, partindo das correspondências entre diversas línguas, estabelece entre elas relações de tipo genealógico; gramática histórica, à disciplina que estuda a evolução de uma língua. Quando o objetivo é descrever e recomendar um uso que serve de norma, a gramática será normativa. Se apenas descreve os usos (oral, escrito, culto, familiar, etc.), diz-se que é descritiva. Há ainda a gramática *contrastiva* quando se faz o estudo contrastado de duas línguas contemporâneas. Fala-se também em gramática de transferência que é o estudo gramatical que transfere as regras de tradução de uma língua a outra.

Chama-se gramática geral à disciplina que busca definir, de modo científico, as condições de funcionamento comuns a todas as línguas.

2.ª — É um manual que se propõe apresentar, mediante um punhado de definições, regras e exemplos, o fundamento de uma dada língua. Diga-se, de passagem, que boa parte das gramáticas ainda utilizam uma terminologia vacilante, tanto na morfossintaxe como na fundamentação nacional, apegando-se a "inventários" mal delimitados, a regras completas de exceções, a exames profundos de fatos isolados, chegando a confundir regras e preceitos. Nesse sentido, houve uma tentativa de unificação mediante a nova "Nomenclatura Gramatical Brasileira".

3.ª — Chama-se Gramática formal a um conjunto definido, composto de fórmulas iniciais, unidades pertencentes à metalinguagem, unidades terminais pertencentes à língua estudada e regras em número finito, de modo que a sequência das operações seja inteiramente explicitada. Obtém-se, assim, um processo automático simulador dos mecanismos que permitem ao homem "produzir e "reconhecer" enunciados em número infinito. Essa gramática engendra todas as combinações corretas, rejeitando os enunciados mal formados e atribuindo a todos os enunciados uma representação que permite caracterizá-los.

Tais gramáticas se dividem em gramáticas de regras não contextuais, em que estas, é óbvio, são formuladas independentemente de qualquer contexto, e gramáticas de regras contextuais.

Chomsky desempenhou um papel essencial, nos últimos anos, no campo da gramática formal.

Enfim, podemos chamar gramática ao estudo explícito das operações subjacentes que relacionam um sentido a sinais acústicos, ou, em outras palavras, um texto (série de signos fônicos ou gráficos) a um sentido.

Segundo Chomsky, a gramática, dentro da teoria, tem um sentido genérico. Ela não se restringe a uma língua particular e nem abrange tão-somente a descrição fonológica, sintática e semântica da língua. Deve-se partir do pressuposto de que há traços fonológicos, sintáticos e semânticos, comuns a todas as línguas. Tratar desses traços constitui a finalidade da teoria linguística.

Competência linguística

A caracterização e a descrição formais das habilidades linguísticas do falante nativo da língua estudada constituem a "competência linguística". E esse é o objetivo da teoria linguística. Se compararmos o conceito de "competência" ao conceito de "língua", de Saussure, nota-se o de "desempenho" comparável ao "discurso" de Saussure. Deduz-se que a "competência" é o "conhecimento que o locutor-auditor tem de sua língua" e o "desempenho" é o emprego efetivo da língua em situações concretas".

A gramática gerativa é constituída por três componentes

Chomsky no seu livro publicado em 1965 — "Aspectos da teoria da sintaxe" — escreve: "Uma gramática gerativa é constituída de três componentes: um sintático, com função geradora e formando a base da gramática; um fonológico e um semântico, estes dois com a função de interpretar fonética e semanticamente as cadeias abstratas geradas pelo primeiro componente".

E a sintaxe?

A sintaxe, na gramática transformacional, tem dois *subcomponentes:*

1.º — *o subcomponente de base:* consta das regras de ramificação e de subcategorização e do léxico;

2.º — *o subcomponente transformacional:* consta de regras de transformações.

As regras de ramificação — do primeiro subcomponente — geram a *estrutura profunda ou subjacente.* A estrutura profunda será interpretada pelo componente semântico e às vezes difere de sua *estrutura superficial.* A estrutura superficial é gerada pelo subcomponente transformacional a partir das estruturas profundas e recebe uma interpretação fonética.

Sintagmas

O sintagma é "a unidade de função", no dizer de Pottier. É uma combinação de unidades realizada pelo falante e que exerce uma única função no enunciado. Pode ser de três tipos:

1.º — sintagma nominal (formado por um substantivo ou grupo de substantivos e, eventualmente, seus adjuntos, que podem ser do tipo determinação ou do tipo adjetivação). Veja: "este livro" — o substantivo "livro" recebe uma determinação. Neste outro **Exemplo:** "duas canetas" — a palavra "canetas" é a base substantiva (caneta) e recebe uma incidência determinante de tipo quantitativo. Nos **Exemplos:** "a caneta *doirada*", "a caneta *de tua irmã*", "a caneta *que eu comprei*", os adjuntos constituem adjetivações.

2.º — sintagma verbal (formado por um verbo ou grupo verbal e seus adjuntos). Os adjuntos constituirão ou uma auxiliarização ou uma adjetivação. Veja: "ela está bebendo sofregamente", o verbo recebe a incidência da auxiliarização (está *bebendo)* e da adjetivação (está bebendo *sofregamente).*

3.º — sintagma circunstancial (são os grupos preposicionais não-ligados, isto é, independentes da noção de regência). Em alguns casos, a preposição pode ser omitida. Esses sintagmas podem ser de tipo nacional *(filha,* eu estudava a lição), temporal (eu nunca escrevo à *tarde) ou* espacial (eu a conheci *em Curitiba).* Os sintagmas circunstanciais têm seus substitutos lexicais (quando, ontem, amanhã, tarde, noite, aqui, ali, etc.).

D. FONÉTICA E FONOLOGIA

Traços distintivos

O caráter infinito das possibilidades humanas de articulação de um som bem como a impossibilidade de um mesmo indivíduo articular, duas vezes seguidas, o mesmo som de maneira idêntica, levaram os linguistas a reconhecer que, apesar dessa verdade, existe algo que permanece imutável e que faz com que se identifique sempre determinado som da língua, cada vez que se ouve, como sendo o mesmo som e não outro.

Esse "algo" que permanece imutável são os "traços distintivos" que caracterizam um determinado fonema. Veja: a unidade *amarro* e *amaro.* A unidade "amarro" se difere de "amaro" pelos dois tipos de /R/ — um, vibrante alveolar simples ("amaro" [`ama r^{u}]), e outro vibrante alveolar múltiplo ['amar'] ("amarro", do v. amarrar). Essa distinção é importante na linguística do português.

Os sons na fonética e na fonologia

A **fonética** interessa-se pelo estudo dos sons da linguagem humana, vistos sob diferentes aspectos. A **fonologia** considera a função linguística do som. O fonema é um som que, no interior de um sistema fônico determinado, tem um valor diferenciador, isto é, vai assegurar a diferenciação entre duas unidades significativas.

Fonema

O fonema "pião" pode ser definido senão por sua função na língua. E como se define fonema? O **fonema** é uma forma fônica mínima sem significado nela própria, mas com valor distintivo. No significante de um signo linguístico, há um ou vários fonemas.

O morfema

O **morfema** é o menor signo linguístico, e como todo signo é constituído de um significante e de um significado. Ele é o menor segmento fônico portador de significado. O morfema pode ser fechado e será chamado de morfema gramatical (o "s" como marca do plural: bala — s). Se ele é aberto será chamado de morfema lexical ou lexema (menino/menina: menin = morfema lexical; o, a = morfemas gramaticais).

A REDAÇÃO NA FUVEST

Uma exigência dos grandes vestibulares do Brasil que tira o sono de muitos estudantes é a redação. No caso da Fuvest, ela é feita no primeiro dia da segunda fase, com a prova de português.

A redação da Fuvest vale metade dos pontos na prova de português.

Abaixo relacionamos algumas dicas imprescindíveis para uma boa prova de redação na Fuvest:

1. **Atenda ao tema proposto e sempre coloque título.** De acordo com Maria Thereza Fraga Rocco (professora titular da Faculdade de Educação da USP) "Se o estudante não entende a proposta, não entende o que está escrito e a redação pode ser zerada."
2. **Pratique leitura.** Leitura e escrita andam de mãos dadas. O contato com diferentes tipos e gêneros textuais é importante, além da leitura obrigatória dos livros clássicos.
3. **Tenha bons argumentos.** Não caia na mesmice. Fundamente suas opiniões com argumentos de prova concreta, citação de especialistas no assunto, dados estatísticos, resultados de pesquisas etc. Exemplifique suas ideias com assuntos que estão na mídia, trechos literários etc. Não importa o ponto de vista que irá assumir, contanto que sustente sua tese com argumentos convincentes.
4. **Seja criativo.** Use se quiser até o humor, mas de maneira adequada.
5. **Seja claro e objetivo.** A linguagem deve ser formal e objetiva. Use de preferência a 3ª pessoa do singular.
6. **Estruture o texto.** Além da boa argumentação, as ideias devem ser desenvolvidas observando a estruturação: introdução/desenvolvimento/conclusão

   Na introdução, use o primeiro parágrafo para apresentar o tema.

   No desenvolvimento, os argumentos precisam estar muito bem ligados entre si, deve haver relação entre as ideias. Os parágrafos devem estar articulados entre si (coesão textual).

   Já a conclusão deve arrematar as ideias apresentadas ao longo da dissertação. Na conclusão não introduza mais opiniões.

DICA: Use três parágrafos para o desenvolvimento com cinco ou seis linhas para cada parágrafo. A redação deve ter em torno de 30 linhas.

7. **Explore sua capacidade crítico-argumentativa.** A Fuvest avalia a capacidade crítico-argumentativa. Um texto bem elaborado, com coesão e coerência na progressão textual, acrescentam pontos à nota do aluno.
8. **Fundamente sua opinião.** Caso faça questionamentos, responda logo em seguida.

Para finalizar, observe o tema das redações dos últimos 3 anos:

2009 – "Fronteiras"

2010 – "Um mundo por imagens"

2011 – "O altruísmo e o pensamento a longo prazo ainda têm lugar no mundo contemporâneo?"

A REDAÇÃO NO ENEM

A redação do Enem, assim como da Fuvest, é dissertativa, porém com características singulares. Os temas do Enem tratam mais sobre assuntos da sociedade brasileira. Geralmente abordam respeito aos direitos humanos e seguem uma proposta de ação social que o estudante deve apresentar. O título é opcional na produção da redação.

A redação é avaliada por, pelo menos, dois professores, de forma independente, sem que um conheça a nota atribuída pelo outro.

Veja algumas dicas imprescindíveis para uma boa prova de redação no Enem:

1. **Reveja os temas de redação que já caíram no Enem.** Uma temática comum às redações do Enem é a sugestão de solução para o problema abordado, pois os temas escolhidos giram em torno da realidade da sociedade brasileira.
2. **Apresente uma postura crítica e defenda seu ponto de vista.** Use bons argumentos. Acompanhe o noticiário para ter as informações necessárias para usar na hora da prova.
3. **Preste atenção nos textos de apoio divulgados com a proposta de redação.** A função desses textos é indicar para o estudante qual o limite da discussão. Mas, cuidado, não copie trechos dos textos de apoio na redação. Na correção e contagem do mínimo de linhas, caso haja cópia parcial dos textos de apoio ou de questões objetivas do caderno de prova, o número de linhas copiadas será desconsiderado.
4. **Respeite os valores humanos e a diversidade sociocultural.** Tenha ética.
5. **Cuidado com o número de linhas.** Até 7 linhas é considerado insuficiente. O limite é de 30 linhas.
6. **Ainda no rascunho, preocupe-se com o conteúdo.** Na revisão, corrija a gramática. Caso fique a dúvida sobre a grafia de alguma palavra, substitua por outra expressão.

Para finalizar, observe o tema das redações nos últimos 3 anos:

2009 – "O indivíduo frente à ética nacional"

2010 – "Trabalho na construção da dignidade humana"

2011 – "Viver em rede no século 21: os limites entre o público e o privado"